독자의 1초를
아껴주는 정성을
만나보세요!

세상이 아무리 바쁘게 돌아가더라도 책까지 아무렇게나 빨리 만들 수는 없습니다.

인스턴트 식품 같은 책보다 오래 익힌 술이나 장맛이 밴 책을 만들고 싶습니다.

땀 흘리며 일하는 당신을 위해 한 권 한 권 마음을 다해 만들겠습니다.

마지막 페이지에서 만날 새로운 당신을 위해 더 나은 길을 준비하겠습니다.

다시
미분 적분

TRY AGAIN,
CALCULAS!

나가노 히로유키 지음
장진희 옮김

길벗

다시 미분 적분

Try again, calculas!

초판 발행 · 2019년 7월 31일
초판 7쇄 발행 · 2023년 11월 13일

지은이 · 나가노 히로유키
옮긴이 · 장진희
발행인 · 이종원
발행처 · (주)도서출판 길벗
출판사 등록일 · 1990년 12월 24일
주소 · 서울시 마포구 월드컵로 10길 56(서교동)
대표전화 · 02)332-0931 | **팩스** · 02)323-0586
홈페이지 · www.gilbut.co.kr | **이메일** · gilbut@gilbut.co.kr

기획 및 책임편집 · 이다빈(dabinlee@gilbut.co.kr) | **디자인** · 김종민 | **제작** · 이준호, 손일순, 이진혁
영업마케팅 · 전선하, 지운집, 박성용, 차명환, 박민영 | **영업관리** · 김명자 | **독자지원** · 윤정아, 최희창

전산편집 · 김정하 | **출력 및 인쇄** · 예림 인쇄 | **제본** · 예림 바인딩

ISBN 979-11-6050-856-7 93000
(길벗 도서번호 080207)

정가 18,000원

독자의 1초까지 아껴주는 정성 길벗출판사

(주)도서출판 길벗 | **www.gilbut.co.kr**

페이스북 · www.facebook.com/gbitbook

고등학교 수학의 정점에 서자

저명한 호킹 박사의 저서 〈A brief history of time〉(Bantam books, 1998)을 보면 일반적인 출판 서적은 수식을 하나 실을 때마다 판매 부수가 절반으로 줄어든다고 써 있습니다.

이처럼 세상에는 '수식 알레르기'가 있는 분이 많습니다. 하지만 이 책에서는 일부러 수식을 피하지 않고 오히려 더 적극적으로 사용했습니다. 왜 그랬을까요? 바로 고등학교 수학의 정점인 미분과 적분의 의미와 중요성을 제대로 이해하길 바랐기 때문입니다.

미분 · 적분을 할 수 있으려면

미분 · 적분을 다룬 책 중에는 '수식 알레르기'가 있는 독자를 배려해 가능한 한 수식을 사용하지 않고 개념만 전달하려는 의욕적인 책이 많습니다. 이런 책은 대부분 개념을 전달하기 위해 상당히 많이 노력한 것 같아 제가 봐도 놀랍습니다.

하지만 한편으론 그런 책을 볼 때마다 '미분 · 적분의 매력은 잘 전해졌을까?'라고 걱정하기도 합니다(쓸데없는 참견일 수도 있죠!). 미분 · 적분의 위대함은 실제로 사용해야 알 수 있기 때문입니다. 개념을 수식이 아닌 그림으로 이해했다고 해서 미분 · 적분을 실제로 잘 할 수 있지는 않기 때문입니다.

세계적 지휘자인 오자와 세이지 씨는 도 · 미 · 솔 화음이 아름답게 들린다고 머리로 아는 사람과 실제로 도 · 미 · 솔을 쳐본 후에 아름답다고 느낀 사람은 완전히 다르다고 했는데, 이 말은 미분 · 적분에도 적용할 수 있습니다.

미분 · 적분은 계산 기법이 필요합니다. 이 기법은 단순한 손재주가 아니라 인류가 진실에 도달하기 위해 얻은 위대한 기술입니다. 기술은 실제로 사용해보지 않으면 그것이 얼마나 위대한지 실감할 수 없습니다.

이 책에서는 독자들에게 기술적인 측면에서 미분·적분 계산을 실제로 보여주고 '오 대단해!'라는 감동을 주거나 '그렇구나!'라고 무릎을 치게 하고 싶어서 일부러 수식을 사용했습니다. 이 과정을 거치면 "이번에는 혼자 해보자!"라는 말이 나올 것입니다.

철저하게 '행간'을 메운 책

철저하게 행간을 메웠다면서 수식만 줄줄 써 놓았다면 이 책을 세상에 내보이는 의미가 없습니다. 본문을 빨리 넘겨보면 알겠지만 이 책의 수식 전개 과정은 다른 책에서는 찾아볼 수 없을 정도로 정성스럽게 표현합니다. 또한, 수식 전개 과정 도중에 사용하는 공식이나 과거에 배운 내용은 여백이 허용하는 한 수식 주변에 같이 배치했습니다. 적어도 이 책에서 수식 전개 과정 도중에 "왜 이렇게 하는지 모르겠네"라고 좌절하는 일은 없을 것입니다. 물론 수식뿐만 아니라 문장도 독자의 지적 호기심을 자극하도록 신경 썼습니다. 수많은 수식에 지친 머리를 쉴 수 있는 오아시스 같은 내용이 있는가 하면 '언어'로 수학을 이해하기 위해 수식의 의미를 고찰하는 내용도 있습니다.

"미분·적분은 고등학교 수학의 정점이다!"라고 말하는 사람이 많은데, 이것은 미분·적분이 고등학교 수학에서 가장 어려워서가 아닙니다. 난이도로 말하면 정수나 집합, 확률도 절대 쉽지 않습니다.

미분·적분이 고등학교 수학의 정점인 이유는 미분·적분을 이해하기 위해서는 다른 여러 가지 단원을 먼저 이해해야 하기 때문입니다. 미분·적분을 공부하고 나면 그때까지 흩어져 있던 각 단원들이 하나로 수렴하는 것을 느낄 것입니다. 저도 고등학교 시절 미분·적분을 통해 '아, 그 단원은 이래서 배웠구나~'라고 느꼈던 적이 몇 번이나 있습니다.

이 책은 고등학교 수학의 정점에 오르는 데 필요한 함수(삼각함수, 지수함수, 로그함수)나 수열, 극한 등의 내용을 하나도 생략하지 않고 원리·원칙부터 설명합니다. 그런 의미에서 산 중턱이 아닌 기슭부터 안내해 정상에 오르게 할 생각입니다.

수식 변형이든 전제가 되는 다른 단원의 내용이든 다른 책보다 자세히 썼으므로 이미 알고 있는 독자가 보면 조금은 지루하다고 느낄 수 있습니다. 또한, 더 전문가인 독자가 보면 수학적인 엄밀함이 결여됐다고 지적할지도 모릅니다.

맞습니다. 저는 이 책을 예전에 미분·적분을 배웠던 적이 있지만, 제대로 이해하지 못하고 애먹었던 (겉으로만 이해한 독자, 또는 인문계열이지만 '이공계열' 미분·적분에 매우 흥미가 있는) 독자를 위해 썼습니다. 오랜 세월 가르쳐 보니 그러한 독자에게는 가능한 한 '행간'을 채우는 것이 좋으며, 수학적으로 엄밀하게 서술하는 것은 오히려 이해하기 어렵게 만든다는 것을 깨달았습니다.

이 책이 고등학교 수학의 정점에 오르려는 여러분에게 때로는 먼저 오른 사람이 되고 때로는 지팡이가 되어줄 것입니다. 그리고 함께 정상에 서면 비로소 이 책의 역할은 끝납니다. 그 이후를 걱정할 필요는 없습니다. 이 책을 읽었다면 여러분은 다음 정상을 스스로 오를 수 있는 힘이 생겼을 것입니다. 눈이 확 뜨일 정도로 우아한 식 변형, 어떻게 해도 견고한 수학의 엄밀성을 즐기고 있을 것입니다. 자신감을 가지고 대학 수학 과정의 미분·적분에 도전해보세요.

고등학교 수학의 정점은 한 걸음 한 걸음 착실히 나아가면 반드시 도달할 수 있는 곳입니다. 애석하게도 쉽고 빠르게 정점에 데려다 줄 케이블카 같은 것은 없지만 그만큼 자기 발로 정상에 섰을 때의 기쁨은 한층 더 클 것입니다. 자, 용기를 가지고 첫걸음을 내디딥시다!

나가노 히로유키

미분·적분은 이공계열 모든 과정에서 없어서는 안 될 중요한 부분입니다. 교육 과정이 문과와 이과로 나뉘고 문과에서는 미분·적분을 전혀 다루지 않기 때문에 이를 실제로 배우지 못한 사람이 많고, 배웠다고 해도 실제로 문제를 푸는 방법을 배운 것인지, 개념을 배운 것인지를 잘 모르는 사람도 있습니다. 이 책은 바로 그런 분을 위한 책입니다.

미분·적분을 배우려면 그 이전까지 배웠던 단원을 잘 알아야 합니다. 이 책은 고등학교를 졸업한 후 수학에서 손을 뗀 사람이 미분·적분에 필요한 선수 과목을 따로 공부하지 않고도 책 한 권으로 기본 개념을 파악할 수 있게 구성되어 있습니다. 게다가 수학에 익숙하지 않은 독자를 위해 수식을 전개할 때 각 단계를 건너뛰지 않고 설명하며 어떤 수식이 어떻게 사용되었는지도 자세하게 설명합니다. 한 번 설명했던 내용이 또 나와도 바로 사용하지 않고 다시 설명하므로 수학에 익숙하지 않은 독자라도 읽는 사이에 저절로 내용을 기억할 수 있습니다.

여러 가지 이유로 고등학교에서 미분·적분을 제대로 이해하지 못하고 넘어가야 했던 분이나, 미분·적분을 배우지 못하고 고등학교 수학을 끝낸 후 다시 배울 기회가 없었던 분, 그리고 다시 한 번 미분·적분에 도전하고 싶은 분께 이 책을 강력하게 추천합니다.

저자도 책의 말미에 설명하듯이, 이 책만으로 미분·적분의 모든 내용을 전달할 수는 없습니다. 하지만 이 책이 미분·적분 이후에 펼쳐진 세상을 이해하는 데 필요한 완벽한 기반을 다져준다는 것을 믿어 의심치 않습니다.

2019년 6월

장진희

자칫하면 어려울 수 있는 미분과 적분이라는 주제를 고등학교 수준에서 쉽게 풀어 놓았습니다. 미분과 적분을 배우지 않았더라도 쉽게 이해할 수 있게 설명하기 때문에 수학(기초)이 부족한 분들도 충분히 학습할 수 있습니다. 또한, 수식이 어렵거나 내용이 어려워서 지칠 만한 시점이 되면 저자가 독자의 마음을 알고 달래며 격려해주는데 이것을 보는 재미도 있습니다. 예전에 배웠던 내용을 잊었거나 기초가 부족한데 어디서부터 시작해야 할지 모르는 분들에게 추천합니다.

김하영_SW개발자

미분과 적분을 설명하기 위해서 함수의 정의부터 수열의 극한까지 선행 개념을 친절하고 쉽게 설명해서 미분, 미분의 역연산, 적분, 응용까지 차례대로 이해하는 데 어려움이 없습니다. 또한, 사소한 수식조차도 왜 이렇게 변형되는지 보충 설명을 덧붙인 점과 수학에 대한 흥미를 잃지 않게 '조금 옆길로 새기', '응용하기' 같은 코너를 넣은 점이 인상깊었습니다. 다른 수학 책들은 단순히 이론만 나열하는데, 이 책은 실제 미분과 적분이 어떻게 사용되고 응용되는지 사례를 보여줘서 왜 배워야 하는지를 느끼며 공부했습니다. 요즘 선형대수나 확률과 통계 같은 수학의 중요성이 커지고 있는데, 가볍게 기초를 다질 수 있는 시간이었습니다.

김민수_대학생

1장 미분편 ····· 13

2장 적분편 ····· 217

1^장

미분편

01 함수와 그래프 첫걸음

지금부터 미분·적분이 무엇인지 알아보기 위해 산 정상까지 한 걸음씩 나아갈 것입니다. 산 입구에서 갑자기 산 정상의 경치를 먼저 이야기하는 꼴이 되지만, 먼저 미분·적분이 무엇인지 한 마디로 이야기하자면 **미분은 분석이고 적분은 종합입니다.**

책에서는 이 내용을 이해하기 위해 다음과 같이 전개해 나갑니다.

평균변화율의 극한 → 미분 → 미분의 역 연산 → 적분 → 적분의 의미

다음 절에서 자세히 설명하겠지만 **평균변화율**에 대해 간단히 살펴볼까요? 미분을 발견한 뉴턴과 라이프니츠의 목표는 비탈길을 굴러 떨어지는 공의 속도같이 **매 순간 변하는 양을 자세하게 분석하는 것**이었습니다.

그러면 변하는 양을 분석한다는 것은 무슨 의미일까요?

그것은 아주 작은 변화를 확대해서 **순간을 잡아내는** 것입니다.

그렇지만 갑자기 임의로 변화하는 것을 분석하는 것은 난이도가 너무 높습니다. 그래서 이 책에서는 어떤 '일정한 규칙'을 가지고 변화하는 것, 다시 말해 **하나의 원인에 대해 결과가 한 가지로 정해지는 것의 변화를 미분으로 분석하는 것**을 목표로 하겠습니다. 이때 '하나의 원인에 대해 결과가 한 가지로 정해지는 것'은 바로 **함수**를 말합니다.

 다음 함수 $f(x)$의 그래프를 그리세요. 단, $[x]$는 x를 넘지 않는 최대 정수를 나타냅니다.

$$f(x) = x[x] \ (-2 \leq x < 2)$$

※ [ ]는 가우스 기호입니다. 자세한 내용은 20쪽 해답에서……

함수란

함수라는 단어는 한자어이며 함수의 함은 상자를 뜻합니다. 어떤 수(예를 들어 x)를 '상자'에 넣으면 다른 어떤 수(예를 들어 y)가 나오는 모양에서 붙은 이름입니다(그림 1–1).

▼ 그림 1–1 함수 모식도

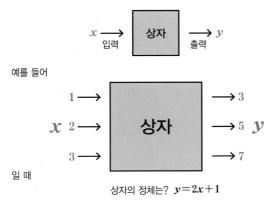

'y는 x의 함수이다'라는 말은 영어로 $y\ is\ a\ function\ of\ x$라고 하는데 조금 길기 때문에 수학에서는 이 말을 줄여서 $y=f(x)$라고 씁니다.

y가 x의 함수이려면 x값에 따라 y값이 한 가지로 정해져야 합니다. 같은 100원을 넣어도 무엇이 나올지 알 수 없는 '뽑기' 같은 상자는 출력이 제멋대로이므로 함수 상자로는 불합격입니다. 또한, 출력이 제멋대로가 아니라고 해도 출력이 한 가지가 아니라면 '함수'라고 부를 수 없습니다.

Note≡　x와 y가 다음과 같은 관계가 있을 때(사실 원의 방정식입니다),

$$x^2 + y^2 = 5$$

y는 x의 함수라 말할 수 있을까요?

예를 들어 $x=1$을 대입해보면

$$\Leftrightarrow\quad 1^2 + y^2 = 5$$
$$\Leftrightarrow\quad y^2 = 4$$
$$\Leftrightarrow\quad y = 2 \ \ \text{또는} \ -2$$

이렇게 $y=2$와 $y=-2$ 두 가지가 가능하므로 y는 한 가지로 정해지지 않습니다. 즉, 이 식에서 y는 x의 함수라고 말할 수 없습니다.

❤ 그림 1-2 x값이 1일 때 y값은?

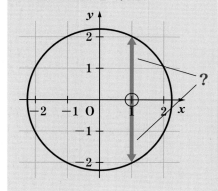

y가 x에 의해 한 가지로 정해질 때

'y는 x의 함수이다'

라 말하고 다음과 같이 나타냅니다.

$$y = f(x)$$

$y = f(x)$의 그래프

x가 변함에 따라 y가 변하는 모양은 **그래프**를 사용하면 한눈에 파악할 수 있습니다. 중학교 수학에서는 1차함수 $y = ax + b$의 그래프와 기본적인 2차함수 $y = ax^2$의 그래프를 배웁니다. 두 그래프는 다음과 같은 형태입니다.

❤ 그림 1-3 1차함수와 2차함수의 그래프

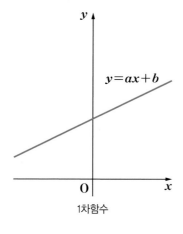

1차함수

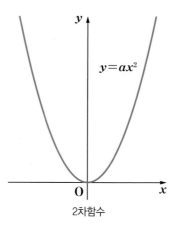

2차함수

Note☰ $y = ax^2$의 그래프는 포물선 모양입니다. a값(정확히는 a의 절댓값)이 커질수록 y가 급격하게 커지므로 그래프는 전체적으로 좌우로 폭이 좁은 형태가 됩니다.

함수의 이해＝그래프의 이해

미분을 배우기 전에는 1차함수와 2차함수 외에 삼각함수, 지수함수, 로그함수만 배웁니다(각각 다음에 자세히 설명합니다). 모두 다섯 종류밖에 없습니다. 미분을 사용하지 않고 변화의 형태를 (어떻게든) 알 수 있는 함수가 이것뿐이기 때문입니다.

❤ 그림 1-4 삼각함수 $y=\sin x$, 지수함수 $y=e^x$, 로그함수 $y=\log x$의 그래프

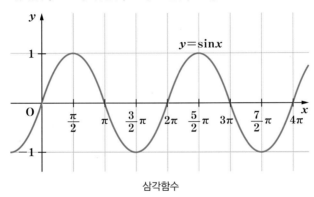

삼각함수

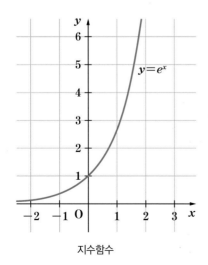

지수함수

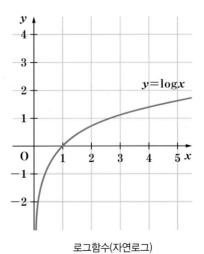

로그함수(자연로그)

하지만 **미분을 배우면 복잡한 함수도 분석할 수 있기 때문에 다양한 함수의 그래프를 그릴 수 있습니다!** 그리고 어떤 함수의 그래프를 그릴 수 있다는 말은 최댓값과 최솟값을 포함하여 그 함수를 이해한다는 것과 같습니다.

❤ 그림 1-5 미분 없이 쉽게 그릴 수 없는 그래프 예

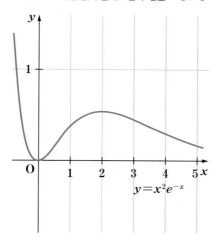

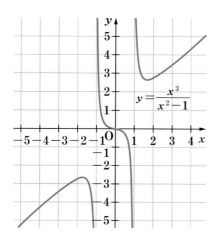

$y=f(x)$의 그래프는 그 식에 대입할 수 있는 점(그 식을 만족하는 점)을 모은 것(집합)입니다. $y=f(x)$의 x에 a라는 값을 대입했을 때 구할 수 있는 $(a, f(a))$라는 점은 반드시 $y=f(x)$ 그래프 위에 있습니다. 당연한 말이지만 중요하므로 꼭 기억하세요!

❤ 그림 1-6 $x=a$일 때 $y=f(x)$ 그래프 위의 점 $(a, f(a))$

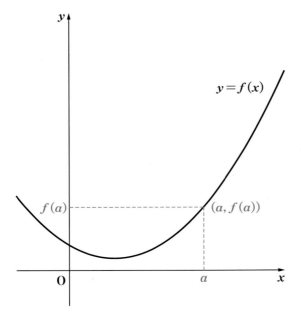

여기까지 이해했으면 절 시작 부분에 나와 있던 문제를 다시 한 번 살펴봅시다.

문제는 15쪽

 문제에 나온 [ ]는 **가우스 기호**라고 부르며, x를 넘지 않는 최대 정수를 나타냅니다. 구체적인 예를 들어볼까요?

$[-0.5]=-1$ (-0.5를 넘지 않는 최대 정수는 -1)

$[0]=0$ (0을 넘지 않는 최대 정수는 0)

[0.5]=0 (0.5를 넘지 않는 최대 정수는 0)

[1]=1 (1을 넘지 않는 최대 정수는 1)

가우스 기호를 그래프로 그리면 다음과 같이 계단 모양 그래프가 됩니다.

❤ 그림 1-7 $y=[x]$의 그래프[1]

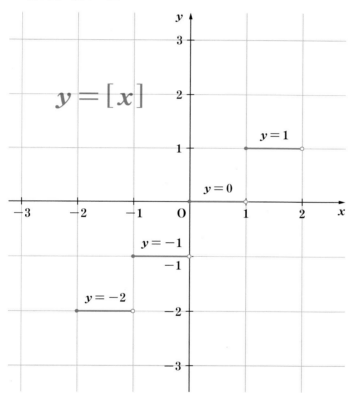

위 그래프를 보면서 각 계단 부분을 수식으로 적어봅시다.

---

1 역주 그래프에서 채워진 점은 그 점을 포함한다는 의미이며, 반대로 빈 점은 그 점이 제외되었음을 의미합니다.

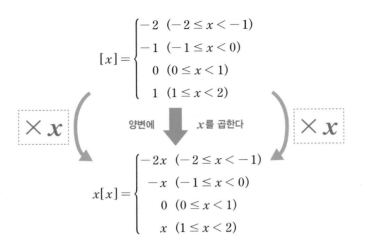

$$[x] = \begin{cases} -2 & (-2 \leq x < -1) \\ -1 & (-1 \leq x < 0) \\ 0 & (0 \leq x < 1) \\ 1 & (1 \leq x < 2) \end{cases}$$

양변에 x 를 곱한다

$\times x$

$\times x$

$$x[x] = \begin{cases} -2x & (-2 \leq x < -1) \\ -x & (-1 \leq x < 0) \\ 0 & (0 \leq x < 1) \\ x & (1 \leq x < 2) \end{cases}$$

따라서 $y = x[x]$의 그래프는 다음과 같이 그릴 수 있습니다. 정렬되어 있던 계단 모양 그래프가 뒤죽박죽되었습니다.

▼ 그림 1-8 $y = x[x]$의 그래프

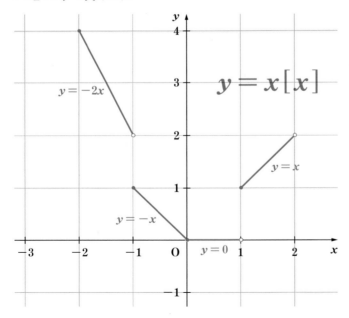

이 함수는 몇 개의 1차함수와 정수(둘 다 직선)로 분해할 수 있으므로 그래프를 그리는 데 미분이 필요하지는 않았지만 좀 더 복잡한 함수는 이렇게 쉽게 그릴 수 없습니다.

미분을 하는 목적은 함수의 변화를 분석하는 것입니다.

미분을 할 수 있으면 그래프를 그릴 수 있고 함수를 이해할 수 있습니다!

▶ 카를 프리드리히 가우스 (1777–1855)

카를 프리드리히 가우스는 인류 역사상 수학을 가장 잘하는 사람 3명을 뽑으라면 아르키메데스, 뉴턴과 함께 반드시 선택될 정도로 대단한 천재입니다. 근대 수학에서 거의 모든 분야에 영향을 미쳤고 물리학 분야에도 공적을 많이 남겼습니다.

어릴 때부터 재능을 발휘한 가우스의 신동 같은 행동을 보여주는 일화는 많이 있지만 다음 이야기가 가장 유명합니다.

가우스가 10살일 때 짓궂은 학교 선생님이 1부터 100까지의 수를 모두 더하라는 숙제를 냈습니다. 다른 학생들은 끙끙대며 고뇌하는 동안 가우스는 다음 방법으로 순식간에 답을 구했습니다.

▼ 가우스 소년의 사고방식

$$
\begin{array}{rccccccccc}
S &=& 1 &+& 2 &+& 3 &+& \cdots\ 98 &+& 99 &+& 100 \\
+)\ S &=& 100 &+& 99 &+& 98 &+& \cdots\ 3 &+& 2 &+& 1 \\
\hline
2S &=& 101 &+& 101 &+& 101 &+& \cdots\ 101 &+& 101 &+& 101 \\
&=& 101 \times 100
\end{array}
$$

따라서 $S = 101 \times 50 = 5050$

물론 가우스가 이 방법을 미리 알고 있던 것은 아닙니다. 그 자리에서 순식간에 생각이 떠올랐다고 합니다. 그리고 이 방법을 응용하면 '등차수열 합의 공식'(36쪽)도 유도할 수 있습니다. 아마 당시 학교 선생님은 대단하다고 혀를 내둘렀을 것입니다.

02

변화를 파악하는 첫걸음: 평균변화율

지금부터 몇 개 절에 나눠서 미분을 (분위기뿐만 아니라) 제대로 이해하기 위한 준비를 하겠습니다. 첫 번째는 '평균변화율'입니다! 함수를 분석하려는 사람이 가장 먼저 '평균을 구하자!'라고 생각하는 것은 당연합니다. 물론 평균변화율로는 변화하는 모양을 자세히 알 수 없지만 이것이 함수에 도전한 인류의 큰 첫걸음이었음은 틀림없습니다.

 함수 $f(x) = 2x^2 + 1$에 대해 x가 a에서 b까지 변할 때의 평균변화율을 구하세요.

변화율은 중학교 수학에서 배웠던 변화의 비율을 말합니다. 변화의 비율 정의는 무엇이었죠? 그렇죠. 다음과 같습니다.

$$\text{변화의 비율(변화율)} = \frac{y\text{의 변화량}}{x\text{의 변화량}}$$

예를 들어 $y = 2x + 1$일 때, x가 1부터 3까지 변한다고 하면

x	1	→	3
y	3	→	7

이므로

$$변화의 \ 비율 \ (변화율) = \frac{7-3}{3-1} = \frac{4}{2} = 2$$

로 계산할 수 있습니다.

단, '변화의 비율'이라고 말하면 길게 느껴지므로 지금부터는 '변화율'로 용어를 통일하겠습니다.

다음으로 변화율이 그래프에서는 무엇을 의미하는지 살펴봅시다. 다음 그래프에서 A(1, 3), B(3, 7)이라 하면, x의 변화량은 AB를 빗변으로 하는 직각삼각형의 '가로'의 길이를 나타내고 y의 변화량은 '세로'의 길이를 나타냅니다. 즉, **변화율은 기울기를 나타냅니다.**

$$변화율 = \frac{y의 \ 변화량}{x의 \ 변화량} = \frac{세로}{가로} = 기울기$$

❤ 그림 2-1 직선의 평균변화율 계산 방법

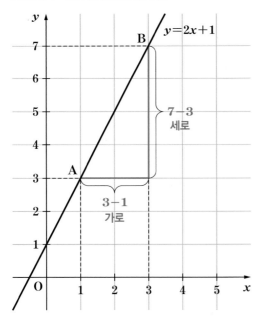

1차함수의 그래프는 직선이므로 그래프 상의 두 점을 연결하는 선분 AB의 기울기는 항상 일정합니다. 하지만 **직선이 아니라면 두 점을 연결하는 직선의 기울기는 일정하지 않습니다.** 예를 들어 $y = f(x)$의 그래프가 다음과 같은 곡선이라고 합시다.

❤ 그림 2-2 점 A와 B 사이 여러 지점에서의 기울기와 평균변화율

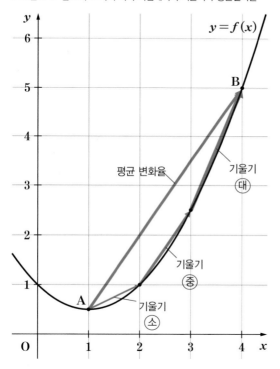

x가 1부터 4까지 변하는 동안에 변화율(=기울기)은 처음에는 작았다가 점점 커지지만 그 변화는 무시하고 A와 B를 직선으로 연결합니다. 이때의 **AB의 기울기**를, 계속 변하는 변화율을 평균한 값이라는 의미로 **평균변화율**이라고 부릅니다.

평균변화율의 정의

지금까지 설명한 것을 일반화해봅시다.

> Note≡　'일반화'나 '정의'처럼 교과서 같은 표현은 될 수 있는 한 사용하고 싶지 않지만
> 수학을 제대로 이야기하려면 피할 수 없는 용어입니다. 이 용어의 의미는 이 절 마지막(30쪽)
> 에 정리했습니다.

$y=f(x)$일 때 x가 a에서 b까지 변하면 y는 $f(a)$에서 $f(b)$까지 변하므로 평균
변화율은 다음과 같이 정의됩니다.

▼ 그림 2-3 곡선에서의 평균변화율 계산 방법

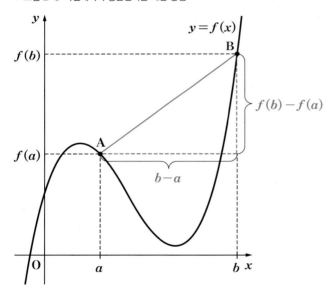

> **요점 정리**　**평균변화율의 정의**
>
> $y=f(x)$에서 x가 a에서 b까지 변할 때
>
> $$평균변화율 = \frac{f(b)-f(a)}{b-a} = 기울기$$

평균변화율은 $y=f(x)$ 그래프 상에서 $\mathrm{A}(a,\ f(a))$, $\mathrm{B}(b,\ f(b))$를 연결하는 직선의 기울기를 나타낸다는 것을 잊지 마세요.

문제는 25쪽

 여기까지 배웠다면 문제는 간단하게 풀 수 있습니다.

$f(x)=2x^2+1$이므로 평균변화율은 다음과 같이 구합니다.

$$
\begin{aligned}
평균변화율 &= \frac{f(b)-f(a)}{b-a} \\
&= \frac{(2b^2+1)-(2a^2+1)}{b-a} \\
&= \frac{2b^2-2a^2}{b-a} \\
&= \frac{2(b+a)(b-a)}{b-a} \\
&= 2(b+a)
\end{aligned}
$$

$$
\begin{aligned}
2(b^2-a^2) \\
= 2(b+a)(b-a)
\end{aligned}
$$

 아직 시작 단계지만 평균변화율은 미분을 이해하는 열쇠입니다.
애매하게 이해했던 사람은 여기서 제대로 알고 갑시다!

정의와 정리, 공리를 '정의'하자

수학에서는 단어를 매우 엄밀하게 사용합니다. 따라서 수학적으로 뭔가 이야기하려면 반드시 제일 처음에 '정의'가 필요합니다. 신약성경의 시작이 '태초에 말씀이 계시니'라면 수학에서는 '태초에 정의가 계시니'입니다.

정의(definition)는 **단어의 의미나 용법을 명확하게 정한 것**을 말합니다. 예를 들어 원의 정의는 '평면상의 한 점(중심)부터 같은 거리에 있는 점의 집합'입니다.

정리(theorem)는 **옳음이 증명된 사실 중 특히 중요한 것**을 말합니다. 예를 들어 '하나의 호와 마주 보는 중심각의 크기는 원주각의 2배이다'는 '원주각의 정리'라 부르는 '정리'입니다.

▼ 그림 2-4 원주각의 정리

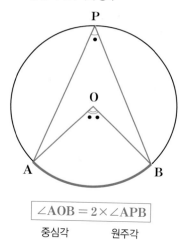

$$\angle AOB = 2 \times \angle APB$$

중심각   원주각

정리와 비슷한 말로 '공리'가 있습니다. **공리**(axiom)는 **무엇을 논할 때 출발점이 되는 전제**를 말합니다. 보통 다른 것을 사용해서 증명할 수 없는 것 중 명백히 참인 것이 공리가 됩니다.

기원전 3세기에 활약했던 수학자인 유클리드는 〈Euclid's Elements(유클리드의 원론)〉(Digireads.com, 2017)이라는 저서에서

'똑같은 것과 같은 것들은 서로 같다'

'전체는 부분보다 크다'

'모든 직각은 서로 같다'

등 어떻게 봐도 당연해 보이는 공리를 10개 실었습니다. 여담이지만 이 책은 20세기 초반까지 2000년 이상이나 전 세계에서 (특히 기하학) 교과서로 계속 사용됐을 정도로 명저입니다.

일반화와 문자식

중학교 수학에서 제일 처음 배우는 것은 음수인데, 그다음 단원은 무엇이었는지 기억하나요? 바로 **문자식**입니다. 수학을 시작할 때 수식에 문자를 사용하는 법을 배우는 것은 우연이 아닙니다. 그 방법이 수학의 목적에 깊게 관련되어 있기 때문입니다.

예를 들어봅시다. 다음과 같이 계속되는 수의 배열이 있습니다.

$$1, \quad 3, \quad 7, \quad 15, \quad 31, \quad 63, \quad 127, \quad 255\cdots$$

이 배열에는 '어떤 공통된 성질'이 있는데 무엇인지 알겠나요? (힌트: 각 수에 1을 더해보세요. 2, 4, 8, 16…)

사실 이 수는 전부 다음과 같이 나타낼 수 있습니다.

$$2^n - 1$$

확인해봅시다.

$$n = 1일\ 때 \quad \Rightarrow \quad 2^1 - 1 = 2 - 1 = 1$$
$$n = 2일\ 때 \quad \Rightarrow \quad 2^2 - 1 = 4 - 1 = 3$$

$$n = 3일\ 때 \quad \Rightarrow \quad 2^3 - 1 = 8 - 1 = 7$$

$$n = 4일\ 때 \quad \Rightarrow \quad 2^4 - 1 = 16 - 1 = 15$$

$$n = 5일\ 때 \quad \Rightarrow \quad 2^5 - 1 = 32 - 1 = 31$$

$$n = 6일\ 때 \quad \Rightarrow \quad 2^6 - 1 = 64 - 1 = 63$$

$$n = 7일\ 때 \quad \Rightarrow \quad 2^7 - 1 = 128 - 1 = 127$$

$$n = 8일\ 때 \quad \Rightarrow \quad 2^8 - 1 = 256 - 1 = 255$$

확실히 모두 $2^n - 1$ 형태입니다.

❤ 그림 2-4 $2^n - 1$로 나타낼 수 있는 수

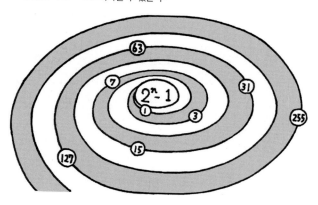

숨겨진 성질을 파헤쳐 본질을 꿰뚫는 것이 수학의 큰 목적 중 하나인데, 앞서 예를 든 수들의 본질은 바로 $2^n - 1$입니다.

이처럼 **구체적인 예를 전부 설명하는 성질을 뽑아내서 표현하는 것**을 **일반화**(generalize)라 말합니다.

숫자 대신 문자를 사용하면 구체성은 사라지지만 대신 본질이 보이기 시작합니다. **본질을 추구하는 수학은 언제나 문자식을 사용한 일반화를 추구한다**고 말해도 과언이 아닙니다.

03 등차수열의 합, 등비수열의 합

미분 · 적분의 대상은 언제나 함수이므로 지금까지 가벼운 준비 운동으로 함수를 살펴보았습니다. 이제부터는 **극한**을 이해하기 위한 준비를 해봅시다.

미분 · 적분 세계로 연결되는 문이 있다면 그 문을 여는 열쇠가 극한입니다. 반대로 말하면 **극한을 이해하지 않고는 미분 · 적분을 제대로 이해할 수 없습니다.** 그러면 극한을 이해한다는 것은 무슨 의미일까요?

그 말은, 즉 **∞ (무한대)를 이해한다는 것**입니다.

무한대를 종교나 철학이 아니라 수학으로 이해하는 것이 우리의 첫 번째 목표입니다. 한번 상상해봅시다. 무한대는 문자 그대로 '끝없이 크다'는 말인데 이를 상상하기 가장 쉬운 것은 아마도 다음과 같이 영원히 계속되는 수일 것입니다.

$$1, 2, 3, 4, 5, 6, 7, 8, 9, 10, 11, \cdots\cdots$$

이처럼 수를 일렬로 나열한 것을 **수열**(sequence)이라 합니다. 여기서는 수열 중 가장 기본이 되는 **등차수열**과 **등비수열**을 공부하고 그 일반항과 합을 살펴봅시다.

> Note≡　'일반항'은 수열의 n번째 수인 a_n을 n에 관한 식으로 표현한 것입니다. 일반항을 구하면 n에 구체적인 숫자를 넣어 10번째 수, 100번째 수를 구할 수 있습니다.

먼저 이 절에서 수열을 살펴보고 난 후, 4절에서 수열의 극한 그리고 5절에서 함수의 극한까지 차례대로 배울 것입니다.

수열 $\{a_n\}$의 일반항이

$$a_n = 2^n - 3n$$

일 때, 첫 번째 항부터 n번째 항까지의 합

$$S_n = a_1 + a_2 + a_3 + \cdots\cdots + a_n$$

을 구하세요.

먼저 '등차수열'부터 알아봅시다.

이렇게 $a_1 \sim a_5$가 일정한 간격 d로 일렬로 나열되어 있다고 합시다.

이처럼 앞의 수(항이라 부릅니다)와의 차이가 일정한 수열을 **등차수열**이라 부릅니다. 예를 들어 등차수열의 5번째 항 a_5는 a_1에 d를 4번 더한 값이 되므로 다음과 같이 식을 만들 수 있습니다.

$$a_5 = a_1 + 4d$$

만약 이 수열이 계속된다고 하면 a_{10}은 어떻게 될까요? 이번에는 a_1에 d를 9번 더하면 되므로 다음과 같이 됩니다.

$$a_{10} = a_1 + 9d$$

마찬가지로 생각해서 등차수열을 일반화하면 (참고로 a_1을 **초항**, d를 **공차**라고 부릅니다) 다음과 같습니다.

Note≡ d는 공차를 나타내는 common difference에서 따왔습니다.

등차수열의 일반항

$$a_n = a_1 + (n-1)d$$

(단, a_1: 초항, d: 공차)

등차수열의 합을 그림으로 생각해보자

다음으로 등차수열 $a_1 \sim a_5$의 합 S_5를 알아봅시다.

$$S_5 = a_1 + a_2 + a_3 + a_4 + a_5$$

Note≡ S는 sum(합)의 첫 글자입니다.

다섯 개의 수만 더하면 되므로 그냥 순서대로 더해도 S_5를 구할 수 있지만 여기서는 그림을 사용해서 계산해봅시다.

폭이 1인 직사각형을 생각하면 S_5는 다음과 같은 계단 형태인 도형의 넓이와 같아집니다.

❤ 그림 3-1 S_5를 도형으로 표현

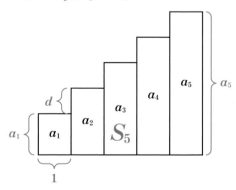

이런 도형을 두 개 준비해서 위아래를 거꾸로 하여 겹치면 폭이 5이면서 높이가 $a_1 + a_5$인 직사각형이 됩니다.

❤ 그림 3-2 도형 S_5를 두 개 겹쳐 놓은 모습

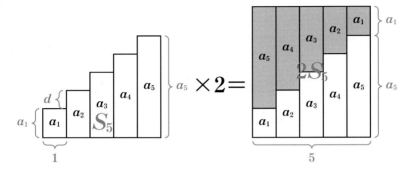

이 직사각형의 넓이는 $2S_5$이므로 다음과 같이 식을 만들 수 있습니다.

$$2S_5 = 5 \times (a_1 + a_5)$$

그다음 양변을 2로 나누면 S_5를 구할 수 있습니다.

$$S_5 = \frac{5(a_1 + a_5)}{2}$$

마찬가지로 생각하면 $S_n = a_1 + a_2 + a_3 + \cdots\cdots + a_{n-1} + a_n$도 다음과 같이 나타낼 수 있습니다.

$$2S_n = n(a_1 + a_n)$$

그다음 양변을 2로 나누면 다음 식을 구할 수 있습니다.

요점 정리 **등차수열의 합**

$$S_n = \frac{n(a_1 + a_n)}{2} \qquad \left[\frac{항의\ 개수 \times (초항\ +\ 끝항)}{2} \right]$$

이제 '등비수열'을 알아볼까요? 이번엔 $a_1 \sim a_5$가 다음과 같이 나열돼 있다고 합시다.

$$\overset{\times r}{\curvearrowright} \quad \overset{\times r}{\curvearrowright} \quad \overset{\times r}{\curvearrowright} \quad \overset{\times r}{\curvearrowright}$$

$$a_1 \qquad a_2 \qquad a_3 \qquad a_4 \qquad a_5$$

이렇게 앞 항에 일정한 수를 곱한 수열을 **등비수열**이라고 합니다. a_5는 a_1에 r을 4번 곱한 값(r의 4제곱)이므로

$$a_5 = a_1 r^4$$

입니다. 등비수열의 일반항은 다음과 같습니다(이때 r을 **공비**라 부릅니다).

요점 정리	등비수열의 일반항

$$\boldsymbol{a_n = a_1 r^{n-1}}$$

(단, a_1: 초항, r: 공비)

등비수열의 합은 손계산으로 생각해보자

$$S_n = a_1 + a_1 r + a_1 r^2 + \cdots\cdots + a_1 r^{n-2} + a_1 r^{n-1} \quad (r \neq 1)$$

에서 식 전체에 r을 곱한 식을 빼면 다음과 같이 계산할 수 있습니다.

$$S_n = a_1 + a_1 r + a_1 r^2 + \cdots\cdots + a_1 r^{n-2} + a_1 r^{n-1}$$
$$-)\ rS_n = \qquad a_1 r + a_1 r^2 + \qquad + a_1 r^{n-2} + a_1 r^{n-1} + a_1 r^n$$
$$\overline{S_n - rS_n = a_1 \qquad\qquad\qquad\qquad\qquad\qquad\qquad - a_1 r^n}$$

정리하면 다음과 같습니다.

$$(1-r)S_n = a_1 - a_1 r^n = a_1(1-r^n)$$

그다음 $r \neq 1$이므로 양변을 $1-r$로 나누면 다음과 같이 구할 수 있습니다.
($r=1$이면 $1-r=0$이 되어 양변을 $1-r$로 나눌 수 없습니다)

> **요점 정리 등비수열의 합**
>
> $$S_n = \frac{a_1(1-r^n)}{1-r} \ \text{(단, } r \neq 1)\ \left[\frac{\text{초항}(1-\ \text{공비}^{\text{항의 개수}})}{1-\ \text{공비}}\right]$$

자, 준비를 끝냈습니다. 다음은 절 시작에 있는 문제의 해답입니다.

문제는 34쪽

 해답

$$a_n = 2^n - 3n$$

이므로

$$S_n = a_1 + a_2 + a_3 + \cdots\cdots + a_n$$
$$= (2^1 - 3 \cdot 1) + (2^2 - 3 \cdot 2) + (2^3 - 3 \cdot 3) + \cdots\cdots + (2^n - 3n)$$
$$= (2^1 + 2^2 + 2^3 + \cdots\cdots + 2^n) - 3(1 + 2 + 3 \cdots\cdots + n)$$

$\left[\begin{array}{c}\text{초항 2, 공비 2, 항의 개수}\\ n\text{인 등비수열의 합}\end{array}\right]$ $\left[\begin{array}{c}\text{초항 1, 공차 1, 항의 개수}\\ n\text{인 등차수열의 합}\end{array}\right]$

앞쪽 절반은 등비수열의 합, 뒤쪽 절반은 등차수열의 합으로 구성되어 있으므로 계산하면 다음과 같이 구할 수 있습니다.

$$S_n = \frac{2(1-2^n)}{1-2} - 3 \cdot \frac{n(1+n)}{2}$$

$$= \frac{2-2^{n+1}}{-1} - \frac{3n+3n^2}{2} = -2 + 2^{n+1} - \frac{3}{2}n - \frac{3}{2}n^2$$

$$= 2^{n+1} - \frac{3}{2}n^2 - \frac{3}{2}n - 2$$

특히 등비수열의 합 공식은 잊기 쉬우니까 주의하세요! 결과를 암기하는 게 아니라 언제든지 스스로 유도할 수 있도록 해 두는 것이 중요합니다.

04

매우 먼 곳을 보자: 수열의 극한

수열의 기초를 이해했으니 이제 **수열의 극한**을 알아봅시다. 극한은 매우 먼 곳을 보기 위한 '눈'이기도 합니다.

 다음 순환소수를 기약 분수로 표현하세요.

$$0.\dot{3}\dot{6} = 0.36363636\cdots\cdots$$

※ 기약 분수란 더 이상 약분되지 않는 분수를 말합니다.
예를 들어 $\frac{3}{2}$은 기약 분수지만 $\frac{6}{4}$은 기약분수가 아닙니다.

수열의 먼 곳에 보이는 것

일반항이 다음과 같은 수열이 있다고 합시다.

$$a_n = 2 - \frac{1}{2^n}$$

한번 n에 여러 값을 넣어서 계산해볼까요?

$$(n=3) \quad a_3 = 2 - \frac{1}{2^3} = 2 - \frac{1}{8} = 1.875$$

$$(n=5) \quad a_5 = 2 - \frac{1}{2^5} = 2 - \frac{1}{32} = 1.96875$$

$$(n=10) \quad a_{10} = 2 - \frac{1}{2^{10}} = 2 - \frac{1}{1024} = 1.9990234375$$

$$(n=15) \quad a_{15} = 2 - \frac{1}{2^{15}} = 2 - \frac{1}{32768} = 1.99996948242$$

$$(n=20) \quad a_{20} = 2 - \frac{1}{2^{20}} = 2 - \frac{1}{1048576} = 1.99999904633$$

$$(n=30) \quad a_{30} = 2 - \frac{1}{2^{30}} = 2 - \frac{1}{1073741824} = 1.99999999907$$

이만하면 됐습니다. 이제 a_n의 그래프를 그리면 다음과 같습니다. 계산한 것과 그래프를 살펴보면 n이 커짐에 따라 a_n값이 2에 가까워지는 것을 알 수 있습니다.

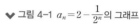 그림 4-1 $a_n = 2 - \frac{1}{2^n}$의 그래프

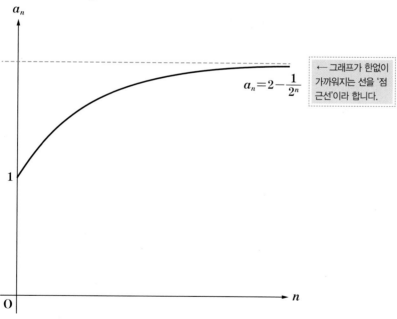

$$a_n = 2 - \frac{1}{2^n}$$

← 그래프가 한없이 가까워지는 선을 '점근선'이라 합니다.

$$a_n = 2 - \frac{1}{2^n}$$

에서 n이 커지면 $\frac{1}{2^n}$은 점점 0에 가까워지므로 a_n이 2에 가까워지는 건 당연한 결과입니다. 하지만 **n을 아무리 키워도 $\frac{1}{2^n}$이 0이 되지는 않습니다.** 즉, 충분히 큰 n에 대해

$$a_n \fallingdotseq 2$$

지만 $a_n = 2$는 아닙니다. 뭔가 답답하지 않습니까?

n을 충분히 키우면 a_n이 2에 가까워지는 건 알겠지만 식으로 쓰면 '거의 2'라고 밖에 표현할 수 없으니 답답합니다. 여기서 **새로운 표현 방법을 도입**합니다. 드디어 '극한'이 등장합니다!

요점 정리 **수열의 극한**

'n이 한없이 커지면 수열 $\{a_n\}$이 어떤 정수 p에 가까워진다'는 것을 다음과 같이 표현합니다.

$$\lim_{n \to \infty} a_n = p$$

이 표현을 사용하면

$$a_n = 2 - \frac{1}{2^n}$$

일 때

$$\lim_{n \to \infty} a_n = 2$$

라고 쓸 수 있습니다! 이제야 속이 시원하네요.

=을 사용할까 ≒을 사용할까?

'아니야 하나도 안 시원해! a_n은 2에 가까워지는 것이지 완전히 2가 되는 것은 아니니까 역시 ≒를 써야지'라고 생각하는 독자도 있을 것입니다. 마음은 충분히 이해합니다.

여기서 주의해야 할 점은 **극한 표현에서 =은 지금까지 익숙하게 쓰던 $2 \times 3 = 6$의 =과 다른 의미**라는 것입니다. $\lim_{n \to \infty} a_n = p$라는 표현은 **전체적으로** '$n$이 한없이 커지면 a_n은 한없이 p에 가까워진다'라는 의미입니다.

다시 말해 **극한 표현에서 =은 (값에 실제로 도달하는지는 제쳐두고) 목적지의 존재를 나타낼 뿐입니다.** 이 '목적지'는 예를 들어 등산할 때 목표로 두는 정상과 같습니다. 등산객이 향하는 장소(목적지)는 실제로 거기에 도달하는 것과는 상관없이 분명하게 정해져 있습니다. $\lim_{n \to \infty} a_n = p$라는 표현은 바로 그런 명확하게 정해진 '목적지'를 나타내는 것입니다.

앞에서 예로 든 a_n은 한없이 가까워지는 '목적지'가 1.99도 1.9999도 1.9999 ……9도 아닌 2이므로 $\lim_{n \to \infty} a_n = 2$에서는 ≒가 아니라 =이어야 합니다.

덧붙여 lim의 유무에 따라 =의 의미는 달라지므로, 극한을 표현할 때 '$n = \infty$일 때 $a_\infty = 2$'라고 쓰는 것은 정확성을 떨어뜨리는 비수학적인 표현입니다.

해답 이 문제는 중학교 때 배운 내용으로도 풀 수 있지만(나중에 설명), 여기서는 앞 절에서 배운 '등비수열의 합'과 이번 절에서 배운 '극한'을 사용해서 풀어봅시다.

순환소수는 다음과 같이 같은 숫자가 무한히 반복되는 수를 말합니다.

$$0.\dot{3}\dot{6} = 0.36363636\cdots\cdots$$

이 수를 다음과 같이 '분해'합시다.

$$
\begin{aligned}
0.\dot{3}\dot{6} &= 0.36363636\cdots\cdots \\
&= 0.36 + 0.0036 + 0.000036 + 0.00000036\cdots\cdots \\
&= 36(0.01 + 0.0001 + 0.000001 + 0.00000001 + \cdots\cdots) \\
&= 36\left\{\frac{1}{100} + \left(\frac{1}{100}\right)^2 + \left(\frac{1}{100}\right)^3 + \left(\frac{1}{100}\right)^4 \cdots\cdots\right\}
\end{aligned}
$$

이때 S_n을

$$S_n = \frac{1}{100} + \left(\frac{1}{100}\right)^2 + \left(\frac{1}{100}\right)^3 + \left(\frac{1}{100}\right)^4 + \cdots\cdots + \left(\frac{1}{100}\right)^n$$

이라고 한다면 { } 안은 이 S_n을 $n \to \infty$한 것이므로 극한을 사용하면 다음과 같이 나타낼 수 있습니다.

$$\lim_{n \to \infty} S_n = \left\{\frac{1}{100} + \left(\frac{1}{100}\right)^2 + \left(\frac{1}{100}\right)^3 + \left(\frac{1}{100}\right)^4 + \cdots\cdots\right\}$$

S_n은 초항이 $\frac{1}{100}$이고 공비가 $\frac{1}{100}$인 등비수열의 n항까지 합이므로 앞 절에서 배운 등비수열의 합 공식(37쪽)을 사용합니다.

$$\boxed{S_n = \frac{a_1(1-r^n)}{1-r}} \quad S_n = \frac{\dfrac{1}{100}\left\{1-\left(\dfrac{1}{100}\right)^n\right\}}{1-\dfrac{1}{100}} \quad \cdots ①$$

여기서

$$\lim_{n \to \infty}\left(\frac{1}{100}\right)^n = 0 \qquad \cdots ②$$

임은 명백합니다. 따라서 식 ①과 ②에 의해 다음과 같이 계산할 수 있습니다.

$$\lim_{n \to \infty} S_n = \lim_{n \to \infty} \frac{\dfrac{1}{100}\left\{1-\left(\dfrac{1}{100}\right)^n\right\}}{1-\dfrac{1}{100}} \quad \boxed{①에서}$$

$$\boxed{②에서}$$

$$= \frac{\dfrac{1}{100}(1-0)}{1-\dfrac{1}{100}}$$

$$= \frac{1}{100} \div \frac{99}{100}$$

$$= \frac{1}{100} \times \frac{100}{99}$$

$$= \frac{1}{99} \quad \cdots ③$$

그러면 다음과 같이 답을 구할 수 있습니다.

$$0.\dot{3}\dot{6} = 36\left\{\frac{1}{100}+\left(\frac{1}{100}\right)^2+\left(\frac{1}{100}\right)^3+\left(\frac{1}{100}\right)^4+\cdots\cdots\right\}$$

$$= 36 \times \lim_{n \to \infty} S_n$$

$$\boxed{③에서}$$

$$= 36 \times \frac{1}{99}$$

$$= \frac{4}{11}$$

$$x = 0.\dot{3}\dot{6} = 0.36363636\cdots\cdots$$

이라 합시다. 여기서 양변을 100배 해도 소수점 이하는 36이 계속되는 순환소수입니다.

$$100x = 36.36363636\cdots\cdots$$

그리고 $100x - x$를 하면 다음과 같이 분수로 바꿀 수 있습니다.

$$
\begin{aligned}
100x &= 36.36363636\cdots\cdots \\
-x &= 0.36363636\cdots\cdots \\
\hline
99x &= 36
\end{aligned}
$$

$$x = \frac{36}{99}$$

$$= \frac{4}{11}$$

'뭐야! 이게 훨씬 더 간단하잖아!'라는 소리가 들리는 것 같습니다.

이 방법은 '해결하기 어려운 A가 있을 때 같은 성질을 갖는 B를 만들어서 빼기'라는 **상대화**를 수행하면 (B − A를 만들면) A가 알기 쉬워지는 좋은 예입니다. 하지만 무한히 연속하는 '……'를 하나도 고찰하지 않는다는 점에서 조금 기분이 나쁩니다(필자만 그런가요?).

반면 등비수열 합의 극한을 사용한 해답은 '……'에서 도망치지 않고 착실하게 **무한과 정면으로 마주한다는 점**에서 깔끔하다고 생각합니다.

또한, 전혀 다른 방법으로 같은 결론에 다다른다는 점이 **논리적 접근법의 묘미 중 하나**입니다.

어쨌든 '먼 곳을 보는 것(극한)'과 '미세한 것을 보는 것(미분)'은 밀접하게 연관돼 있습니다. 앞으로 기대하세요!

극한은 (도달하지 못하더라도) 분명히 보이는 목적지를 나타내는 것이지 그 이상도 이하도 아닙니다.

05 분모에 0을 공략하자: 함수의 극한

이 절에서는 드디어 함수의 극한을 살펴봅니다.

앞 절에서는 수열 a_n의 n이 한없이 커졌을 때의 극한을 생각했습니다. 이 절에서는 함수 $y=f(x)$의 x가 어떤 값에 한없이 가까워질 때의 극한을 생각합니다. 그러려면 극한에 관한 이해를 자연수에서 실수로 반드시 확장해야 하는데, 앞 절에서 수열의 극한을 잘 따라온 독자라면 크게 어렵지 않을 것입니다!

여기서도 **극한은 매우 먼 곳에 있지만 확실하게 보이는 목표점을 나타냅니다.**

 다음 극한값을 구하세요.

$$\lim_{x \to 1} \frac{\sqrt{x+3}-2}{x-1}$$

함수의 극한으로 생각을 넓히기 위해 간단한 함수부터 시작해봅시다. 먼저 다음과 같은 함수가 있다고 합시다.

$$f(x) = \frac{1}{x}$$

$y=f(x)$ 그래프는 반비례 그래프로 다음과 같은 형태입니다.

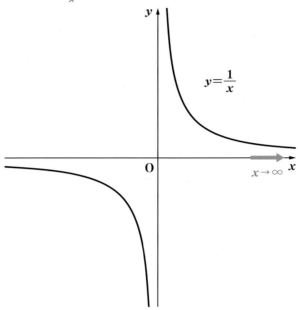

❤ 그림 5-1 $y = \dfrac{1}{x}$의 그래프

이 그래프는 x축과 절대 만나지 않지만 x가 클수록 그래프가 x축(즉, $y = 0$)에 명백하게 가까워집니다. 즉, **x가 한없이 커지면** $\dfrac{1}{x}$**은 (확실하게) 한없이 0에 가까 워집니다.** 이를 극한을 사용하여 다음과 같이 쓸 수 있습니다.

$$\lim_{x \to \infty} \frac{1}{x} = 0$$

극한으로 '존재하지 않는 값'을 계산한다

그런데 극한은 '$n \to \infty$'라든가 '$x \to \infty$'처럼 값이 한없이 커질 때만 사용할 수 있을까요? 그렇지 않습니다.

예를 들어

$$f(x) = \frac{x^2 - 3x + 2}{x - 2}$$

라는 함수가 있다고 합시다. 이 함수의 x에는 **2를 대입할 수 없습니다**. 분모가 0이 되기 때문입니다(수학에서는 0으로 나누는 계산은 불가능합니다. 자세한 내용은 53쪽을 참조하세요). 즉, 이 함수는 x에 2를 대입한 **$f(2)$라는 값은 존재하지 않습니다**.

하지만 분자를 인수분해하면 다음과 같이 변형할 수 있습니다.

$$\boxed{x^2 + (a+b)x + ab = (x+a)(x+b)}$$

$$f(x) = \frac{x^2 - 3x + 2}{x - 2} = \frac{(x-2)(x-1)}{x-2} = x - 1$$

가장 오른쪽 식 $x - 1$은 분수가 아니기 때문에 x에 2를 대입해도 아무 문제가 없어서 $2 - 1 = 1$로 값을 계산할 수 있습니다. 하지만 존재하지 않는 값을 계산하다니! 어떻게 된 일일까요?

존재하지 않는 값을 계산한다…… 이때야말로 극한이 등장할 시간입니다. 다음 표처럼 x에 여러 값을 넣어 계산해보면 $x = 2$일 때 말고는 $f(x)$와 $x - 1$은 완전히 일치합니다. 약분하면 $f(x) = x - 1$이므로 당연합니다.

▼ 표 5-1 x에 따른 $f(x)$와 $x - 1$의 값

x	0	1	1.5	1.75	1.9	1.99	2	2.01	2.1	2.25	2.5	3
$f(x)$	-1	0	0.5	0.75	0.9	0.99		1.01	1.1	1.25	1.5	2
$x - 1$	-1	0	0.5	0.75	0.9	0.99	1	1.01	1.1	1.25	1.5	2

즉, $y = f(x)$ 그래프는 $y = x - 1$ 그래프에서 점 $(2, 1)$을 뺀 그래프가 됩니다.

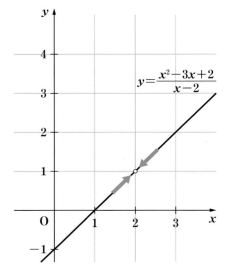

▼ 그림 5-2 $y = \dfrac{x^2 - 3x + 2}{x - 2}$의 그래프

그래프에서 x가 2에 한없이 가까워지면 $y = f(x)$가 명백하게 한없이 1에 가까워집니다. 즉, 1에 도달할 수는 없지만 $f(x)$의 **확실하게 보이는 목표점**입니다. 이럴 때 다음과 같이 쓸 수 있습니다.

$$\lim_{x \to 2} \frac{x^2 - 3x + 2}{x - 2} = 1$$

요점 정리 **함수의 극한**

'x가 a에 한없이 가까워지면 함수 $f(x)$값은 한없이 p에 가까워진다'는 것을 다음과 같이 표현합니다.

$$\lim_{x \to a} f(x) = p$$

극한값을 계산하는 구체적인 방법

함수의 극한값에서는 다음에 배울 **미분계수**(다음 절)**나 도함수**(10절)**로 연결되는** 부분인 '$\frac{0}{0}$ 형태'가 특히 **중요합니다**. 물론 이 말은 '0을 0으로 나눈다'는 의미는 아닙니다. $\frac{0}{0}$ 형태란 x가 어떤 값에 한없이 가까워지면 분모와 분자 모두 한없이 0에 가까워지는 경우를 말합니다. 앞에서 본 $f(x) = \dfrac{x^2 - 3x + 2}{x - 2}$ 도 이런 예 중 하나입니다.

$\frac{0}{0}$ 형태의 극한값을 구하는 구체적인 순서는 다음과 같습니다.

요점 정리 | $\frac{0}{0}$ **형태의 극한을 구하는 방법**

(i) 분모를 0으로 만드는 성분을 없앤다(대부분은 약분).

(ii) 가까워지는 값을 대입한다.

분모를 0으로 만드는 성분을 없앴다면(대부분은 약분) 그 다음은 과감하게 x가 가까워지는 값을 직접 대입해도 됩니다. 앞에서 언급한 $f(x)$를 예로 들면 다음과 같습니다.

$$
\begin{aligned}
\lim_{x \to 2} f(x) &= \lim_{x \to 2} \frac{x^2 - 3x + 2}{x - 2} \\
&= \lim_{x \to 2} \frac{(x - 2)(x - 1)}{x - 2} \\
&= \lim_{x \to 2} (x - 1) \\
&= 2 - 1 \\
&= 1
\end{aligned}
$$

분자를 인수분해

분모를 0으로 만드는 성분($x - 2$)를 제거(약분)

x에 2를 대입

문제에 주어진

$$\lim_{x \to 1} \frac{\sqrt{x+3}-2}{x-1}$$

는 x에 1을 대입하면 분자와 분모 모두 0이 되는 '$\frac{0}{0}$ 형태'입니다. 여기서 분모를 0으로 만드는 성분인 $x-1$을 소거하는 방법을 생각해봅시다. 이대로는 약분을 할 수 없는데, 어떻게 해야 할까요? 이럴 때는 '유리화'를 하면 됩니다.

$$
\begin{aligned}
\lim_{x \to 1} \frac{\sqrt{x+3}-2}{x-1} &= \lim_{x \to 1} \frac{\sqrt{x+3}-2}{x-1} \times \frac{\sqrt{x+3}+2}{\sqrt{x+3}+2} \\
&= \lim_{x \to 1} \frac{(\sqrt{x+3})^2 - 2^2}{(x-1)(\sqrt{x+3}+2)} \\
&= \lim_{x \to 1} \frac{x+3-4}{(x-1)(\sqrt{x+3}+2)} = \lim_{x \to 1} \frac{x-1}{(x-1)(\sqrt{x+3}+2)} \\
&= \lim_{x \to 1} \frac{1}{\sqrt{x+3}+2} \\
&= \frac{1}{\sqrt{4}+2} = \frac{1}{4}
\end{aligned}
$$

> 분자에
> $(a-b)(a+b)$
> $= a^2 - b^2$
> 을 사용

분모를
0으로 만드는
성분을 약분

x에 1을 대입

※ 유리화는 $\dfrac{b}{a} = \dfrac{b}{a} \times \dfrac{c}{c}$ 처럼 분모나 분자에 적당한 식을 곱해 $\sqrt{}$ 를 없애는 방법입니다.

'$\frac{0}{0}$ 형태'를 계산할 수 있으면 다음에 나오는 미분계수와 도함수도 구할 수 있습니다.

조금 옆길로 새기 ①:
0으로 나누면 안 되는 이유

앞 절에서도 이야기했지만 '극한'이라는 개념이 등장한 이유는 애초에 **수학에서는 0으로 나누는 것이 절대로 불가능하기 때문입니다.** 하지만 이 이유를 알지 못하면 일부러 '○○가 △△에 한없이 가까워지면 ……'이라고 길게 설명하며 lim을 도입하는 의미가 없어지므로, 여기서는 0으로 나누는 것이 가능하다면 어떻게 되는지를 설명합니다.

2=1 증명하기

뜬금없지만 $2 = 1$임을 증명해보겠습니다.

$x = y$라고 합시다.

① 양변에 x를 곱하면

$x^2 = xy$

② 양변에서 y^2을 빼면

$x^2 - y^2 = xy - y^2$

③ 인수분해하면

$(x + y)(x - y) = y(x - y)$

④ 양변을 $(x - y)$로 나누면

$x + y = y$

⑤ $x = y$이므로

$2y = y$

⑥ 양변을 y로 나누면

$2 = 1$

어떤가요? 이 계산대로라면 분명히 2＝1이라는 결론이 나옵니다. 수학적으로 올바른 단계를 거쳤는데 명백하게 틀린 결과가 나왔습니다. 어떻게 이런 일이 있을 수 있을까요?

실은 ①～⑥단계 중 수학적으로 '올바르지 않은' 단계가 하나 있습니다. 어딘지 알겠나요?

이 증명 자체는 수학의 눈속임으로 꽤 유명하므로 아는 독자도 있겠지만, ④단계인 '양변을 $x - y$로 나누면'에 문제가 있습니다.

첫 번째 행에 주목해주세요. 처음에 '$x = y$라고 합시다'라 되어 있습니다. 즉,

$$x - y = 0$$

이므로 **양변을 $x - y$로 나누는 것은 양변을 0으로 나누는 것입니다.** 이 부분이 틀린 결과가 나온 원인입니다.

0으로 나누면 안 되는 이유

수학에서 0으로 나누기가 금지되어 있는 이유는 앞의 2=1의 증명처럼 **명백하게 틀린 결과가 나올 때가 많기 때문입니다.** 다른 예도 살펴봅시다.

$$2 \times 3 = 6 \quad \Leftrightarrow \quad 2 = 6 \div 3$$

이와 같은 방법으로 생각하면 다음과 같이 표현할 수도 있습니다.

$$2 \times 0 = 0 \quad \Leftrightarrow \quad 2 = 0 \div 0$$
$$3 \times 0 = 0 \quad \Leftrightarrow \quad 3 = 0 \div 0$$
$$4 \times 0 = 0 \quad \Leftrightarrow \quad 4 = 0 \div 0$$

그러면

$$0 \div 0 = 2 = 3 = 4$$

가 되어서 2＝3＝4라는 명백하게 틀린 결과가 나옵니다.

0으로 나누면 무슨 일이 일어날까?

예를 들어 컴퓨터가 프로그램에서 0으로 나누는 계산을 하면 대부분 오류가 발생해 때때로 미처리 상태로 프로그램이 중단됩니다.

실제로 이런 적이 있습니다.

1997년 미국 유도미사일 순양함 요크타운은 탑재된 컴퓨터가 '0으로 나누기'를 수행해 모든 시스템이 멈춰 2시간 30분 동안 제어 불능 상태에 빠졌습니다. 후에 보고된 바로는 탑재된 컴퓨터의 애플리케이션에 있던 '0으로 나누기'가 일으킨 오류 때문에 회선이 고장 난 것이 원인이었습니다. 만약 배가 아니라 비행기에 탑재된 컴퓨터였다면 분명히 승무원의 목숨은 없었겠죠.

다시 한 번 강조합니다.

0으로 나누면 안 됩니다!

생명이 달려 있습니다!

0에 관한 '규칙'을 한 가지 더 살펴봅시다.

중학교에서 '$2 \times 2 = 2^2$'이나 '$2 \times 2 \times 2 = 2^3$'같은 '제곱(같은 수의 반복된 곱)'을 배웠을 때, 숫자의 오른쪽 위에 붙은 작은 수는 지수라 부르며 **반복해서 곱한 횟수**를 나타낸다고 배웠습니다.

그런데 고등학교에서는 **지수의 확장**이라는 단원에서 2^0이나 2^{-1} 등이 갑자기 나타납니다. 그때

'2를 0번 곱한다는 건 무슨 말이야!'

'2를 −1번 곱한다고? 무슨 소리야⋯⋯'

라고 화내거나 탄식하는 사람이 속출합니다. 하지만 이것은 말 그대로 '확장'입니다. 지수(오른쪽 위 숫자)가 양의 정수일 때의 규칙을 0이나 음의 정수로 끼워 맞춥니다. 다음 식을 보세요.

$$
\begin{array}{l}
2^3 = 8 \\
2^2 = 4 \\
2^1 = 2 \\
2^0 = ? \\
2^{-1} = ? \\
2^{-2} = ?
\end{array}
\qquad
\begin{array}{l}
\times 2 \quad \div 2 \\
\times 2 \quad \div 2 \\
\times 2 \quad \div 2 \\
\times 2 \quad \div 2 \\
\times 2 \quad \div 2
\end{array}
$$

$2^1 \rightarrow 2^2 \rightarrow 2^3$처럼 지수가 1씩 커지면 수는 2배가 됩니다(당연합니다). 반대로 $2^3 \rightarrow 2^2 \rightarrow 2^1$ 처럼 지수가 1씩 작아지면 수는 절반이 됩니다. **이 규칙을 그대로 적용하면 2^0은 어떤 값이 될까요?** 그렇죠. $2^1 = 2$를 반으로 나눈 값이니 $2^0 = 1$입니다.

마찬가지로 생각하면 $2^{-1} = \dfrac{1}{2}$이나 $2^{-2} = \dfrac{1}{4}$가 된다는 것도 쉽게 알 수 있습니다. 이것을 일반화하면 다음과 같이 됩니다.

$$
a^0 = 1, \qquad a^{-n} = \frac{1}{a^n}
$$

미분계수는 접선의 기울기

드디어 제목에 있는 '미분'이라는 단어가 등장했습니다! 첫 번째 절에서 '미분이란 분석이다!'라고 주장했는데 분석 방법에는 여러 가지가 있습니다. 미분이 수행하는 분석이란 무엇일까요?

문자 그대로 **미세하게 나눈다**[1]는 말입니다.

대상을 미세하게 나누다 보면 더 자세하게 조사할 수 있습니다. 10등분보다 100등분, 100등분보다는 1000등분…… 맞습니다. **미분은 함수를 한없이 작게 나누는 분석입니다!**

 다음 극한값을 $f(a)$, $f'(a)$를 사용하여 표현하세요.

$$\lim_{b \to a} \frac{a^2 f(b) - b^2 f(a)}{b - a}$$

※ $f'(a)$는 '미분계수'라 부릅니다. 뒤에서 자세히 설명합니다.

함수를 한없이 작게 나누어 분석한다고 했는데 구체적으로 도대체 무얼 하는 걸까요?

---

1 역주 미분의 한자가 작을 미자에 나눌 분자입니다.

1절에서 살펴본 대로 $y = f(x)$는 입력 x와 출력 y 사이에 성립하는 일정한 관계를 나타낸 것입니다. 이 '관계'의 정체를 파헤치는 것이 우리의 목적인데 같은 입력을 반복해도 같은 값이 나오므로 그 이상은 아무것도 알 수 없습니다. 역시 이럴 때는 입력을 바꿔서 출력이 어떻게 바뀌는지를 살펴봐야겠습니다.

이런 상황에 적당한 것이 있습니다. 2절에서 배운 **평균변화율**입니다. 평균변화율은 'x(입력)가 얼마만큼 변화했을 때 y(출력)는 얼마나 변하는가?'를 나타내는 값으로 바로 우리가 원하는 도구입니다.

이제 우리는 한없이 작게 나누는 분석을 하려고 합니다. 함수를 작게 자르면 x의 변화량(변화율이 아닙니다)은 어떻게 될까요? 당연히 작아지겠죠?

따라서 우리의 원래 목표는 **x의 변화량을 한없이 작게 만들었을 때 평균변화율이 어떻게 되는지**를 살펴보는 것이 됩니다.

평균변화율의 극한

그래프에서 두 점을 연결하는 직선의 기울기를 평균변화율이라고 배웠습니다 (29쪽). 이제부터 나올 그래프 ①~④는 **x의 변화량 $(b-a)$를 한없이 작게 만들었을 때 두 점을 연결하는 직선의 기울기가 어떻게 변하는지**를 보여줍니다.

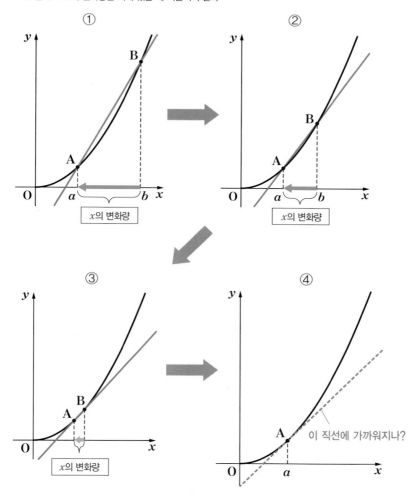

아무래도 x의 변화량을 한없이 작게 만들면 직선 AB는 그래프 ④의 노란색 점선에 가까워지는 것처럼 보입니다. 이 노란색 점선은 무엇일까요? 그렇습니다. 이 **노란색 점선은 점 A에서의 접선**입니다.

즉, x의 변화량을 한없이 작게 만들면 다음과 같아집니다.

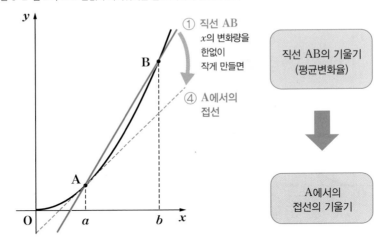

자 이제부터가 중요합니다!

평균변화율의 공식은 다음과 같았죠?(29쪽)

$$평균변화율 = \frac{f(b) - f(a)}{b - a}$$

여기서 x의 변화량$(b - a)$은 분모에 있으므로 절대로 0이 될 수 없습니다. 아무리 작게 만들어도 딱 0이 될 수 없다는 말입니다. 하지만 $b - a$를 한없이 작게 만들면 평균변화율이 접선의 기울기로 명백하게 가까워집니다. 이제 목표가 보이기 시작하는군요!

이제 **극한이 나설 차례**입니다.

미분계수의 정의

평균변화율에서 x의 변화량$(b - a)$를 한없이 작게 만들면 도달하는 접선의 기울기를 **미분계수**라 부르고 $f'(a)$로 표기합니다.

$b-a$를 한없이 작게 만든다는 말은 b를 한없이 a에 가깝게 만드는 것과 같으므로 lim를 사용해서 표기하면 다음과 같습니다.

$$f'(a) = \lim_{b \to a} \frac{f(b) - f(a)}{b - a}$$

$b - a = h$라 하면 $b = a + h$가 되고 $b \to a$일 때 $h \to 0$이므로 다음과 같이 표현할 수도 있습니다.

$$f'(a) = \lim_{h \to 0} \frac{f(a+h) - f(a)}{h}$$

$f'(a)$는 **$x = a$에서의 접선의 기울기**를 나타냅니다.

Note≡ 미분계수의 정의는 앞에서 보여준 두 가지가 있고 둘 다 중요하지만, 앞으로는 두 번째 정의를 더 자주 볼 것입니다. b는 결국 a에 한없이 가까워지므로 처음 위치가 어디라도 상관없지만 a 위치가 변하면 접선의 기울기가 변하므로 미분계수 값이 바뀝니다. 그런 의미에서 a가 주인공 느낌인 두 번째 표현을 선호합니다. 참고로 h라는 문자를 사용하는 이유는 특별히 없습니다.

문제는 57쪽

 주어진

$$\lim_{b \to a} \frac{a^2 f(b) - b^2 f(a)}{b - a}$$

에서

$$\lim_{b \to a} \frac{f(b) - f(a)}{b - a} = f'(a)$$

를 연상할 수 있다면 끝난 것이나 다름없습니다.

억지로 집어넣음!   계산을 맞추기 위해 추가

$$\lim_{b \to a} \frac{a^2 f(b) - b^2 f(a)}{b-a} = \lim_{b \to a} \frac{a^2 \{f(b) - f(a)\} + a^2 f(a) - b^2 f(a)}{b-a}$$

$$= \lim_{b \to a} \left\{ a^2 \frac{f(b) - f(a)}{b-a} - \frac{b^2 - a^2}{b-a} f(a) \right\}$$

$b^2 - a^2$
$= (b-a)(b+a)$

$$= \lim_{b \to a} \left\{ a^2 \frac{f(b) - f(a)}{b-a} - (b+a) f(a) \right\} \quad \cdots\cdots ①$$

여기서

$$\lim_{b \to a} \frac{f(b) - f(a)}{b-a} = f'(a), \qquad \lim_{b \to a} (b+a) = 2a$$

를 사용하면 식 ①은 다음과 같이 정리할 수 있습니다.

$$= a^2 f'(a) - 2a f(a)$$

함수의 여러 점에서 접선의 기울기 $f'(a)$를 안다면 그 함수의
전체 모양을 알 수 있습니다(뒤에서 더 자세히!).

물리에 응용하기 1: 순간 속력

갑자기 '미분계수'라는 개념이 튀어나와서 당황한 여러분에게 여기서는 구체적으로 미분계수를 어떻게 사용하는지 설명하겠습니다. 미분계수를 사용하면 지금까지는 구할 수 없었던 '순간 속력'을 계산할 수 있습니다!

 비탈길을 굴러떨어지는 공의 이동 거리가 다음과 같이 시간 t[초]의 함수입니다. $t = 2$[초]일 때 순간 속력을 구하세요.

$$f(t) = \frac{1}{4}t^2$$

당연히 비탈길을 구르는 공은 가속해서 점점 속력이 빨라지죠. 이런 운동에서 '순간 속력'은 어떻게 구할까요?

먼저 다음 그림과 같이 비탈길 위를 따라서 x축을 잡습니다.

▼ 그림 7-1 비탈길을 굴러떨어지는 공의 위치

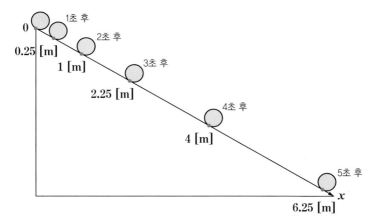

이 모습을 가로축을 시간(t), 세로축을 이동 거리(x)로 하여 그래프로 나타내면 다음과 같습니다(**$x - t$ 그래프**라 부릅니다).

❤ 그림 7-2 공의 이동 거리를 시간에 따라 나타낸 그래프

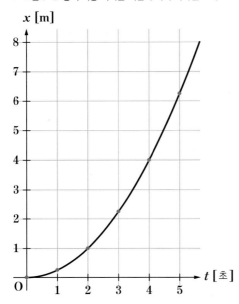

평균 속력

자, 그럼 이어서 속력을 살펴봅시다. 속력은 다음 식으로 계산할 수 있었죠?

$$속력 = \frac{거리}{시간}$$

예를 들어 2초일 때와 4초일 때의 값을 사용하면 이동 거리(x의 차이)는 $4 - 1$[m], 걸린 시간(t의 차이)은 $4 - 2$[초]입니다. 즉, 속력은

$$\frac{4 - 1 [\mathrm{m}]}{4 - 2 [초]} = \frac{3}{2} = 1.5 [\mathrm{m}/초]$$

이므로 **초속 1.5m**라고 구할 수 있습니다.

그러면 도대체 이 숫자는 무엇을 나타내는 것일까요? 2초일 때와 4초일 때는 분명히 속력이 다른데도 '초속 1.5m'라는 값이 나왔습니다. 이미 눈치챈 독자도 있겠지만 사실 이 값은 2초부터 4초 사이의 **평균** 속력입니다. 2초일 때의 순간 속력은 초속 1.5m보다 느리고 4초일 때의 순간 속력은 초속 1.5m보다 빠를 것입니다. 참고로 이 1.5라는 값은 그림 7-3에서 2초일 때의 점 A(2, 1)과 4초일 때의 점 B(4, 4)를 연결한 **직선의 기울기**입니다.

❤ 그림 7-3 평균 속력은 두 점을 연결한 직선의 기울기

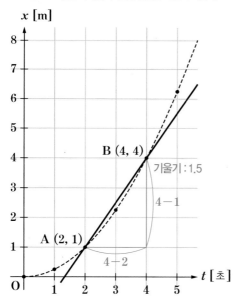

순간 속력과 $x - t$ 그래프의 관계

$x - t$ 그래프에서 두 점을 연결하는 직선의 기울기가 평균 속력인 것을 알았으므로 이번에는 순간 속력을 구해봅시다. $t = 2$일 때의 점을 A라 하고 $t = b$일 때의 점을 B라고 할 때 b가 2에 한없이 가까워지면 B는 A에 한없이 가까워집니다. 그러면 직선 AB가 '어떤 직선'에 가까워진다는 사실을 혹시 눈치챘나요?

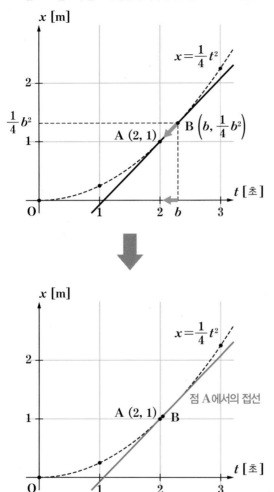

맞습니다! 직선 AB는 **점 A에서의 접선에 가까워집니다!**

어? 뭔가 익숙한 느낌이 드는데요?

한편 b가 2에 한없이 가까워지면 2초에서 b초까지의 평균 속력은 어떻게 될까요?

예를 들어 b가 2.01이라 합시다. 그러면 2초에서 2.01초까지의 평균 속력을 구할 수 있습니다. 단, 이 값은 '평균'이라 부르기 어려울 정도로 2초일 때의 순간 속력에 가깝습니다. b를 2.001이나 2.0001로 하면 평균 속력은 2초일 때의 순간 속력에 더욱 가까워집니다.

자! 거의 다왔습니다. 드디어 목표가 보이기 시작했습니다!

b가 2에 한없이 가까워질 때, 즉 **평균 속력의 극한값이 바로 우리가 구하려는 순간 속력**입니다.

그래프 상에서 직선 AB의 기울기는 평균 속력을 나타내므로 $t = 2$, 즉 점 A에서 **접선의 기울기는 순간 속력을 나타낸다**는 것도 알 수 있습니다!

▼ 그림 7-5 기울기와 속력의 관계

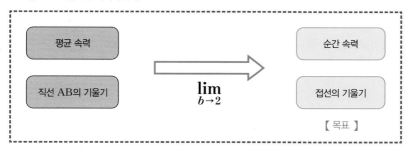

문제는 63쪽

 '순간 속력 = 접선의 기울기'라는 것을 알았으니 $t = 2$일 때의 순간 속력을 구하려면

$$f(t) = \frac{1}{4}t^2$$

를 이용해 $f'(2)$를 구하면 됩니다.

앞 절에서 배운 정의대로 계산해봅시다.

$$f'(2) = \lim_{b \to 2} \frac{f(b) - f(2)}{b - 2}$$

정의식
$$f'(a) = \lim_{b \to a} \frac{f(b) - f(a)}{b - a}$$
의 a에 2를 대입

$$= \lim_{b \to 2} \frac{\dfrac{1}{4}b^2 - \dfrac{1}{4}2^2}{b - 2}$$

$$= \lim_{b \to 2} \frac{\dfrac{1}{4}(b^2 - 2^2)}{b - 2}$$

$b^2 - a^2 = (b - a)(b + a)$

$$= \lim_{b \to 2} \frac{(b - 2)(b + 2)}{4(b - 2)}$$

$$= \lim_{b \to 2} \frac{b + 2}{4}$$

$$= \frac{2 + 2}{4}$$

$$= 1 \ [\text{m/초}]$$

따라서 2초일 때 공의 순간 속력은 초속 1m임을 알 수 있습니다.

$x - t$ 그래프의 한 점에서 접선의 기울기는 그 점의 순간 속력을 나타냅니다!

08 순열과 조합 그리고 2항정리

지금까지 미분계수를 배우고 그것을 응용하여 순간 속력을 계산해봤습니다. 점점 '미분(계수)'이 무엇인지 감을 잡을 수 있을 것입니다.

그런데 미분계수를 구할 때 극한(lim)으로 일일이 식을 나열하여 계산하기는 너무 귀찮습니다. 이제부터 $f(x)=x^2$이나 $f(x)=x^3$ 등을 일반화해서(n에 관한 식으로 나타내서)

$$f(x)=x^n \ (n은 \ 정수)$$

일 때의 미분계수가 어떻게 되는지를 공식으로 유도할 것입니다. 그러면 다음부터는 공식으로 바로 계산할 수 있습니다!

바로 시작하고 싶지만 미분계수를 구하는 공식을 유도하려면 **2항정리**[1]가 필요하므로 먼저 2항정리를 알아보겠습니다.

등산을 하다 보면 반드시 한 번은 '나는 왜 무거운 배낭을 메고 이렇게 힘든 일을 하고 있는 걸까?'라고 생각하는 때가 오는데, 이 절이 바로 그렇게 고비가 오는 시점 중 하나입니다. 힘내세요!

 다음 식을 전개하여 x의 계수를 구하세요.

$$\left(x^2+\frac{1}{x}\right)^5$$

---

1 역주 보통 교과서에서는 '이항정리'라는 용어를 사용하지만, 항이 2개일 때를 강조하기 위해 '2항정리'라고 번역했습니다.

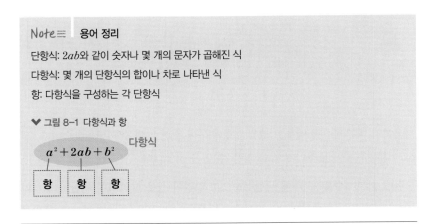

2항정리를 이해하려면 순열과 조합이 등장하는 **경우의 수**도 알아야 합니다. 순열과 조합을 이미 알고 있다면 건너뛰어도 괜찮습니다.

Note≡ | 경우의 수: 한 사건에 대해 일어날 수 있는 모든 가짓수

순열을 복습해보자

먼저 순열을 알아보겠습니다. A, B, C, D, E 5개의 문자 중에서 순서를 고려해[2] 3개를 뽑는 경우의 수를 생각해봅시다. 뽑는 순서를 생각해야 하므로 A → B → C로 뽑을 때와 C → B → A로 뽑을 때는 다른 경우라 생각합니다. 이제 경우의 수를 생각해보면 다음과 같습니다.

① A~E 중에서 아무것이나 뽑으면 되므로 5가지
② ①에서 뽑은 것을 제외한 나머지 중에서 뽑으면 되므로 4가지
③ ①과 ②에서 뽑은 것을 제외한 나머지 중에서 뽑으면 되므로 3가지

---

2 역주 이미 알고 있는 분들도 있겠지만, 한자어를 그대로 풀어 쓰면 '순서가 있는 나열'이라는 뜻입니다. 그러므로 당연히 순서를 고려해야 합니다.

A, B, C, D, E에서 3개를 뽑는 순열

〈순열〉

①	②	③
A~E에서 5가지	A~E에서 ①을 제외한 4가지	A~E에서 ①과 ②를 제외한 3가지

따라서 경우의 수는 다음과 같이 계산할 수 있습니다.

$$5 \times 4 \times 3 = 60 \ (가지)$$

서로 다른 5개가 있을 때 순서를 고려해 3개를 뽑는 경우의 수는 순열을 나타 내는 permutation의 첫 글자를 따서 $_5P_3$이라고 표기합니다. 즉,

$$_5P_3 = 5 \times 4 \times 3 = 60$$

입니다. 일반화해봅시다.

요점 정리 | **순열**

서로 다른 n개에서 r개를 뽑는 순열의 수는 다음과 같습니다.

> $_5P_3$일 때
> $5 - 3 + 1 = 3$

$$_nP_r = n \times (n-1) \times (n-2) \times \cdots\cdots \times (n-r+1)$$

r개의 곱

한번 예를 들어볼까요?

- 서로 다른 10개에서 2개를 뽑을 때 순열의 수는

$$_{10}P_2 = 10 \times 9 = 90$$

- 서로 다른 4개에서 4개를 뽑을 때 순열의 수는

$$_4P_4 = 4 \times 3 \times 2 \times 1 = 4! = 24$$

조합을 복습해보자

계속해서 조합을 알아보겠습니다. A, B, C, D, E 5개의 문자 중에서 순서를 고려하지 않고 3개를 뽑는 경우의 수를 생각해봅시다. 이번에는 $A \to B \to C$든 $C \to B \to A$든 A, B, C를 뽑는다는 의미에서 똑같다고 생각합니다. 조합 (A, B, C)를 뽑는 순열의 수는 다음과 같이 모두 6가지입니다.

❤ 그림 8-3 순열과 조합의 차이

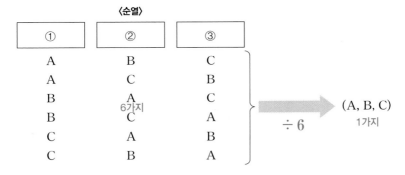

순열에서 6가지였던 것이 조합으로는 1가지가 됩니다. 따라서 이 예제에서 조합의 수를 구하려면 앞에서 구했던 **순열을 6으로 나누면 됩니다.** 참고로 이 6이라는 숫자는 ① · ② · ③ 상자를 채우는 순열인

$$_3P_3 = 3 \times 2 \times 1 = 3! = 6 \;\; (가지)$$

로 계산할 수 있습니다. 즉, 조합에서는 ① · ② · ③ 상자를 채우는 만큼 중복됩니다.

서로 다른 5개가 있을 때 순서를 고려하지 않고 3개를 뽑는 경우의 수는 조합을 나타내는 combination의 첫 글자를 따서 $_5C_3$으로 표기합니다. 이 표기법을 사용해 경우의 수를 계산하면 다음과 같습니다.

$$_5C_3 = \frac{_5P_3}{3!} = \frac{5 \times 4 \times 3}{3 \times 2 \times 1} = 10 \text{ (가지)}$$

조합도 일반화해서 정리합시다.

요점 정리 | **조합**

서로 다른 n개에서 r개를 뽑는 조합의 수는

$$_nC_r = \frac{_nP_r}{r!} = \frac{n \times (n-1) \times (n-2) \times \cdots \times (n-r+1)}{r \times (r-1) \times (r-2) \times \cdots \times 1}$$

예를 들어볼까요?

- 서로 다른 7개에서 2개를 뽑을 때 조합의 수는

$$_7C_2 = \frac{7 \times 6}{2 \times 1} = 21$$

- 서로 다른 10개에서 4개를 뽑을 때 조합의 수는

$$_{10}C_4 = \frac{10 \times 9 \times 8 \times 7}{4 \times 3 \times 2 \times 1} = 210$$

이렇게 (겨우) 2항정리에 들어갈 준비를 마쳤습니다!

경우의 수로 2항정리 공식을 유도하자

$$(a+b)^3 = a^3 + 3a^2b + 3ab^2 + b^3$$

라는 전개식에서 a^2b항을 생각해봅시다. 물론 이 식은

$$(a+b)^3 = (a+b)(a+b)^2 = (a+b)(a^2+2ab+b^2) = \cdots\cdots$$

로 전개해서 간단하게 계산할 수 있는 식이지만, 여기서는 **a^2b의 계수가 3이 되는 이유를 경우의 수를 사용해서 생각해봅시다.**

$(a+b)^3$은 다음과 같이 $(a+b)$를 3번 곱한 것입니다(당연하죠).

$$(a+b)^3 = (a+b) \times (a+b) \times (a+b)$$

이렇게 생각하면 a^2b항이 만들어지는 경우는 다음과 같이 3가지입니다.

- 오른쪽 $(a+b)$의 b와 나머지 두 $(a+b)$의 a를 곱한다.
- 가운데 $(a+b)$의 b와 나머지 두 $(a+b)$의 a를 곱한다.
- 왼쪽 $(a+b)$의 b와 나머지 두 $(a+b)$의 a를 곱한다.

▼ 그림 8-4 a^2b가 만들어지는 경우

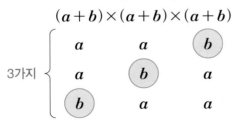

이렇게 a^2b의 계수가 3인 이유는 **3개의 $(a+b)$에서 b를 꺼내는 $(a+b)$를 1개 뽑는 경우의 수가 3이기 때문입니다.**

3개에서 1개를 선택한다는 말은 (이때는 순서를 생각하지 않아도 되므로) 곧 조합을 뜻합니다. 즉, 이 3은

$$3 = {}_3C_1$$

이라 할 수 있습니다. 결국

$$(a+b)에서\ a^2b의\ 계수는\ {}_3C_1$$

입니다!

그러면 $(a+b)^{10}$에서 a^7b^3의 계수는 무엇일까요?

10개의 $(a+b)$에서 b를 꺼낼 $(a+b)$를 3개 뽑으면 되므로 ${}_{10}C_3$이죠!

지금까지 한 이야기를 일반화해서 정리합시다.

요점 정리　**2항계수**

$(a+b)^n$을 전개한 식에서 $a^{n-k}b^k$의 계수는 ${}_nC_k$

이렇게 조합의 수 ${}_nC_k$는 2항식($a+b$처럼 항이 2개인 식) 전개식의 계수로 표현할 수 있으므로 **2항계수**라고도 부릅니다. 2항계수를 사용하면 $(a+b)^n$은 다음과 같이 전개할 수 있습니다.

$$(a+b)^n = {}_nC_0\,a^n + {}_nC_1\,a^{n-1}\,b + {}_nC_2\,a^{n-2}\,b^2 + \cdots$$
$$\cdots + {}_nC_k\,a^{n-k}\,b^k + \cdots\cdots + {}_nC_n\,b^n$$

일반항！

이것을 **2항정리**라고 합니다.

이야기가 길어졌는데 여기서 이해한 2항정리를 사용하면
$f(x) = x^n$의 미분계수를 구하는 공식을 바로 유도할 수 있습니다.

해답 $\left(x^2+\dfrac{1}{x}\right)^5$ 의 일반항(k번째 항)은 2항정리를 사용해서 다음과 같이 계산할 수 있습니다.

$(a+b)^n$의 일반항은
$_nC_k\,a^{n-k}\,b^k$

$(a^m)^n=a^{m\times n}$

$\left(\dfrac{1}{x}\right)^k=\dfrac{1^k}{x^k}=\dfrac{1}{x^k}$

$$_5C_k(x^2)^{5-k}\left(\frac{1}{x}\right)^k={}_5C_k\times x^{10-2k}\times\frac{1}{x^k}$$

$$={}_5C_k\times\frac{x^{10-2k}}{x^k}$$

$$\frac{a^m}{a^n}=a^{m-n}$$

$$={}_5C_k\times x^{10-3k}\ \ \cdots\cdots\ ①$$

문제에서는 x항을 물어보므로

$$x^{10-3k}=x^1$$

$$\therefore\quad 10-3k=1\quad\Rightarrow\quad \boldsymbol{k=3}$$

이 값을 ①에 대입해서 x의 계수를 구합니다.

$$_5C_3\times x^{10-3\times3}=\frac{5\times4\times3}{3\times2\times1}\times x=10\times x=10x$$

따라서 구하려는 x의 계수는 **10**입니다.

즉, $\left(x^2+\dfrac{1}{x}\right)^5$ 를 전개해서 하나하나 계산하면 x항이 전부 10개 나온다는 말입니다.

왠지 미분과는 전혀 상관없는 부분을 공부한 느낌이 들 수도 있지만, 다음 절에서는 이 2항정리를 사용해서 $f(x)=x^n$의 미분계수 공식을 유도합니다!

09 미분계수 공식을 스스로 유도하자!

앞 절에서 2항정리를 공부하느라 수고했습니다. 이 절은 앞 절에서 한 고생을 보상해줄 것입니다.

 다음 $f(x)$에 대하여 $f'(2)$를 구하세요.

$$f(x) = \frac{1}{3}x^3 + 2x^2 + 5$$

이 절에서도 문제는 나중에 생각하고

$$f(x) = x^n$$

일 때 $x=a$에서의 미분계수 $f'(a)$를 생각해봅시다. 우선 미분계수의 정의(61 쪽)를 떠올려보세요.

$$f'(a) = \lim_{h \to 0} \frac{f(a+h) - f(a)}{h}$$

였죠. 이제 $f(x) = x^n$이므로 다음과 같이 쓸 수 있습니다.

$$f'(a) = \lim_{h \to 0} \frac{(a+h)^n - a^n}{h} \quad \cdots ①$$

우와! 분자에 $(a+h)^n$이 나왔습니다. 하지만 괜찮습니다. 우리에게는 2항정리가 있습니다! 2항정리(76쪽)는 다음과 같았죠.

$$(a+h)^n = {}_nC_0 a^n + {}_nC_1 a^{n-1}h + {}_nC_2 a^{n-2}h^2 + \cdots\cdots + {}_nC_n h^n \ \cdots ②$$

Note≡ k항(일반항) ${}_nC_k a^{n-k}h^k$은 생략했습니다.

조합(73쪽)을 사용해 2항정리 공식에 있는 항의 계수를 각각 계산해봅시다.

$$_nC_0 = 1$$

$$_nC_1 = \frac{n}{1!} = n$$

$$_nC_2 = \frac{n(n-1)}{2!} = \frac{n(n-1)}{2 \times 1} = \frac{n(n-1)}{2}$$

$$_nC_n = 1$$

Note≡ ${}_nC_0 = 0$이지 않냐는 비명이 들리는 것 같지만 ${}_nC_0$은 'n개에서 1개도 뽑지 않는 경우의 수＝n개에서 n개 전부를 남겨 놓는 경우의 수'라 생각합니다. 즉, 다음과 같습니다.

$$_nC_0 = {}_nC_n = 1$$

자, 계산해서 구한 조합의 수를 ②에 대입합시다.

$$(a+h)^n = {}_nC_0 a^n + {}_nC_1 a^{n-1}h + {}_nC_2 a^{n-2}h^2 \cdots + {}_nC_n h^n$$

$$= 1 \cdot a^n + n \cdot a^{n-1}h + \frac{n(n-1)}{2} \cdot a^{n-2}h^2 \cdots\cdots + 1 \cdot h^n$$

$$= a^n + na^{n-1}h + \frac{n(n-1)}{2}a^{n-2}h^2 \cdots\cdots + h^n \ \cdots ③$$

다음에는 ③을 ①에 대입하면 되는데, 그전에 함수의 극한에서 배운 $\dfrac{0}{0}$ 형태의 **극한을 구하는 방법**(51쪽)을 복습합시다.

> (i) 분모를 0으로 만드는 성분을 없앤다(대부분은 약분).
>
> (ii) 가까워지는 값을 대입한다.

이 둘이었죠. 이제 다시 돌아가 ③을 ①에 대입합니다.

$$f'(a) = \lim_{h \to 0} \frac{(a+h)^n - a^n}{h}$$

③을 대입

$$= \lim_{h \to 0} \frac{\left\{ a^n + na^{n-1}h + \dfrac{n(n-1)}{2}a^{n-2}h^2 \cdots\cdots + h^n \right\} - a^n}{h}$$

a^n은 상쇄

$$= \lim_{h \to 0} \frac{na^{n-1}h + \dfrac{n(n-1)}{2}a^{n-2}h^2 \cdots\cdots + h^n}{h}$$

h를 약분

$$= \lim_{h \to 0} \left\{ na^{n-1} + \dfrac{n(n-1)}{2}a^{n-2}h \cdots\cdots + h^{n-1} \right\}$$

h에 0을 대입

$$= na^{n-1}$$

음영으로 표시한 부분은 모두 h를 포함하는 항이므로 '② h에 0을 대입'을 수행하면 사라집니다!

축하합니다! 드디어 우리는 일반적으로 성립하는 다음 공식을 손에 넣었습니다.

요점 정리　**미분계수 공식**

$f(x) = x^n$일 때

$$\boldsymbol{f'(a) = na^{n-1}}$$

즉, $f(x) = x^n$일 때의 미분계수는 지수(오른쪽 위의 숫자 n)를 앞으로 꺼내고 지수를 1 작게($n-1$)한 다음, x에 a를 대입하면 됩니다!

(1) 지수가 앞으로 나온다

(3) x에 a 대입

$$f(x) = x^{\textcircled{n}} \quad \Rightarrow \quad f'(a) = na^{n-1}$$

(2) 지수가 1 작아진다

미분계수 공식을 손에 넣은 감동이 식기 전에 빨리 사용해봅시다.

$$f(x) = x^3 \quad \Rightarrow \quad f'(a) = 3a^2$$
$$f(x) = 5x^{10} \quad \Rightarrow \quad f'(a) = 5 \cdot 10a^9 = 50a^9$$

참 쉽죠?

상수함수의 미분계수

단, 다음과 같을 때 $f(x)$는 x를 포함하지 않으므로 앞에서 구한 공식을 사용할 수 없습니다.

$$f(x) = c \quad (c는\ 상수)$$

이럴 때는 원래 의미로 돌아가서 생각합니다.

미분계수 = 접선의 기울기

였죠? 그런데 $f(x) = c$ 그래프는 그림 9-1과 같은 x축에 평행한 그래프가 됩니다. 이때 **접선의 기울기는 (a 위치에 상관없이)** 0입니다.

❤ 그림 9-1 상수함수의 그래프와 접선의 기울기

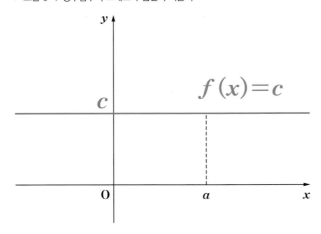

따라서 다음과 같이 정리할 수 있습니다.

요점 정리 **상수함수의 미분계수**

$$f(x) = c \quad \Rightarrow \quad f'(a) = 0$$

(c는 상수)

해답 $f'(2)$를 구하는 문제였는데 우선 $f'(a)$를 구한 다음 마지막에 2를 대입합시다. 문제에 주어진 $f(x)$에는 여러 항이 있으니 각 항에 미분계수 공식을 사용합니다. 5는 상수이므로 0이 되는 것에 주의합시다.

$$f(x) = \frac{1}{3}x^3 + 2x^2 + 5$$

$$f'(a) = \frac{1}{3} \cdot 3a^2 + 2 \cdot 2a + 0$$

$$x^3 \rightarrow 3a^2$$
$$x^2 \rightarrow 2a$$
$$5 \rightarrow 0$$

$$= a^2 + 4a$$

따라서

a에 2를 대입

$$f'(2) = 2^2 + 4 \cdot 2$$

$$= 4 + 8 = 12$$

❤ 그림 9-2 $y = \frac{1}{3}x^3 + 2x^2 + 5$의 $x = 2$에서 미분계수는 12

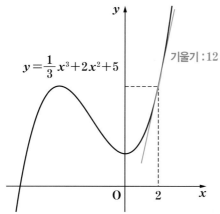

$$y = \frac{1}{3}x^3 + 2x^2 + 5$$

기울기 : 12

익숙해지면 $f'(a)$를 유도하지 않아도 바로 구할 수 있습니다.

다음 절에서는 미분계수 $f'(a)$가 a값에 따라 변하는 것에서 발전한 도함수 $f'(x)$를 공부한답니다!

10

변화를 분석한다:
도함수와 증감표

사실 이 절은 **미분편의 정상**입니다! 이 절에서 소개하는 도함수와 증감표를 이해하고 그래프를 그릴 수 있다면 여러분은 미분을 통해 배워야 하는 개념을 대부분 손에 넣은 것입니다!

 다음 $f(x)$에 대해 $y=f(x)$의 그래프를 그리세요.

$$f(x) = \frac{1}{3}x^3 - x + 1$$

미분을 배우기 전에 그래프의 형태를 배우는 함수는 1차함수, 2차함수, 삼각함수, 지수함수, 로그함수 5종류밖에 없습니다(18쪽). 이 문제처럼 3차함수의 그래프가 어떻게 되는지는 알 수 없습니다. 이럴 때 미분이 필요합니다.

앞 절에서 우리는 다음과 같은 미분계수의 공식을 유도했습니다.

$$f(x) = x^n \quad \Rightarrow \quad f'(a) = na^{n-1}$$

이제부터는 가벼운 마음으로 여러 가지 a에 대해 미분계수 값을 구해봅시다.

앞에서 설명한 것처럼 **미분계수란 접선의 기울기를 나타냅니다.** 이제 그래프가 그림 10-1의 위쪽과 같은 형태인 함수 $y=f(x)$가 있다고 합시다. 이 함수의 여러 점에서 접선의 기울기를 구하면 그림 10-1의 아래쪽 그림과 같습니다.

▼ 그림 10-1 함수 $y = f(x)$ 여러 점에서의 기울기

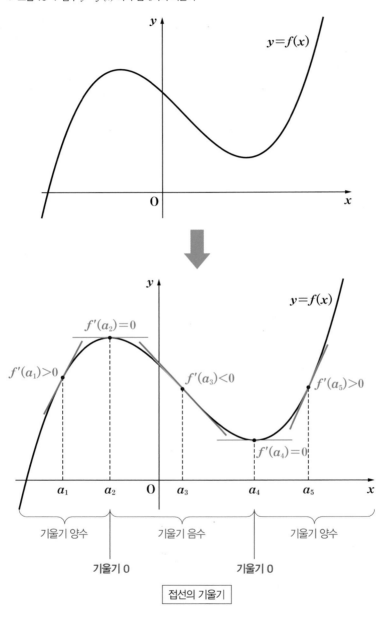

접선의 기울기

이렇게 해보니 그래프에서

접점의 x 좌표가 a_2보다 작으면 접선의 기울기는 양수 $(+)$

접점의 x 좌표가 a_2이면 접선의 기울기는 0

접점의 x 좌표가 a_2와 a_4 사이에 있으면 접선의 기울기는 음수 $(-)$

접점의 x 좌표가 a_4면 접선의 기울기는 0

접점의 x 좌표가 a_4보다 크면 접선의 기울기는 양수 $(+)$

임을 알 수 있습니다. 하지만 이런 식으로 나열하면 보기가 어렵죠. 따라서 이 내용을 표로 정리합니다.

▼ 표 10-1 함수 $f(x)$의 증감표

x	$\cdots$	a_2	$\cdots$	a_4	$\cdots$
$f'(x)$	$+$	0	$-$	0	$+$
$f(x)$	↗		↘		↗

표에서 ↗는 **접선의 기울기가 양수**임을 ↘는 **접선의 기울기가 음수**임을 나타냅니다. 이렇게 표로 정리하니 훨씬 깔끔해졌죠?

$f'(a)$와 $f'(x)$

이미 눈치챈 독자도 있겠지만 표 10-1의 중간 행에 은근슬쩍 쓰여 있는 $f'(x)$는 사실 이 책에서 처음 등장한 표기입니다. 지금까지는 항상 $f'(a)$라고 썼으니까요.

그러면 $f'(a)$와 $f'(x)$는 도대체 어떤 차이가 있을까요?

$f'(a)$에서 a는 1, 3, -0.5와 같은 상수라고 생각합니다. 그러면 $f'(a)$는 어떤 정해진 점에서 접선의 기울기가 됩니다. 단, 그림 10-1이나 표 10-1에서 알

수 있듯이 $f'(a)$값은 a가 달라지면 변합니다(당연합니다). 즉, **$f'(a)$는 입력 a에 대한 출력, 다시 말해 a의 함수**라고 생각할 수 있습니다.

하지만 a가 때에 따라 상수였다가 변수였다가 하면 일일이 '이 a는 상수인가? 변수인가?'라고 따져봐야 하고 또 헷갈리기도 합니다. 참 귀찮은 이야기죠. 그래서 변수를 나타낼 때는 보통 다른 문자를 사용하는데, 주로 x를 사용합니다. 역시 변수로는 x지요!

❤ 그림 10-2 x는 변수

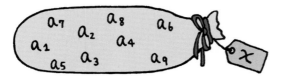

게다가 애초에 x는 접점의 x좌표이므로 미분계수를 접점(의 x좌표)의 함수라고 할 수 있습니다. 그래서 이것을 기호로 $f'(x)$로 나타내며, 이름도 '미분계수를 x의 함수로 생각한 것'은 길기 때문에 원래 함수 $f(x)$에서 유도되는 함수라는 의미를 담아 '도함수'가 되었습니다.

요점 정리 **도함수의 정의**

함수 $f(x)$에 대해

$$f'(x) = \lim_{h \to 0} \frac{f(x+h) - f(x)}{h}$$

로 구해지는 함수 $f'(x)$를 $f(x)$의 도함수라 합니다.

미분계수의 정의(61쪽)에 있는 a를 x로 바꾸었을 뿐입니다. 물론 앞 절에서 구한 미분계수 공식도 a를 x로 바꾸기만 하면 그대로 쓸 수 있습니다.

도함수 공식

$$f(x) = x^n \quad \Rightarrow \quad f'(x) = nx^{n-1}$$

도함수가 존재하는 이유

미분의 정상이 보이기 시작한 지금, 여기까지 왔던 길을 살짝 돌아봅시다.

애초에 우리의 목적은 **함수를 분석하는 것**입니다.

이를 위해 우리는 함수를 미세하게(=매우 작게) 나눴을 때 평균변화율이 어떻게 되는지를 생각했습니다. 그래서 접선의 기울기를 구했고 $f(x) = x^n$일 때 **미분계수를 구하는 공식**도 유도했습니다. 그리고 이번 절에서는 미분계수를 접점(의 x좌표)의 함수로 본다는 점에 주목하여 새롭게 **도함수**도 정의했습니다.

사실 도함수 $f'(x)$를 구하는 것을 함수 $f(x)$를 미분한다고 말합니다. 맞습니다! 결국 함수를 미세하게 나눠서 분석한다는 우리의 목적은 바로 도함수 $f'(x)$를 구하는 것이었습니다!

함수 $f(x)$를 미분한다=도함수 $f'(x)$를 구한다

이러면서 혼자 뿌듯해 하고 있으니 '엥? 미분계수의 a를 x로 바꾼 것뿐인데 이렇게 뿌듯해도 되는거야?'라는 소리가 들리는 것 같습니다.

필자는 미분계수를 함수로 보는 것이 한 화면씩 나눠서 그린 정지 그림을 빠른 속도로 돌려서 만드는 애니메이션과 닮았다고 생각합니다.

▼ 그림 10-3 정지 화면을 빠르게 돌려 만드는 애니메이션

도함수를 생각할 때는 각 점에서 접선의 기울기 자체보다도 접선의 기울기가 어떻게 '변화'하는가, 그 변화 중에서도 어디서 양수에서 음수로 바뀌는가(또는 음수에서 양수로 바뀌는가)에 주목합니다. 이유는 무엇일까요? 그 이유를 알기 위해 다음으로 넘어갑시다!

증감표로 변곡점을 찾아내자

앞에서 표 10-2에 나오는 ↗는 접선의 기울기가 양수임을, ↘는 접선의 기울기가 음수임을 나타낸다고 했습니다.

▼ 표 10-2 증감표

x	$\cdots$	a_2	$\cdots$	a_4	$\cdots$
$f'(x)$	$+$	0	$-$	0	$+$
$f(x)$	↗		↘		↗

다르게 말하면 ↗는 **함수가 증가한다**는 것을 ↘는 **함수가 감소한다**는 것을 나타냅니다.

Note≣　　접선의 기울기가 양수 → 그래프가 오른쪽 위로 올라간다 → 함수는 증가

접선의 기울기가 음수 → 그래프가 오른쪽 아래로 내려간다 → 함수는 감소

표 10−2를 보면 (그래프가 없어도) 함수가 어디서 증가하고 어디서 감소하는 지 알 수 있습니다. 이 표를 증감표라고 부릅니다.

반대로 말하면 증감표만 만들 수 있으면 그래프를 그릴 수 있습니다. 1절에서 **함수의 그래프를 그릴 수 있다는 말은 최댓값과 최솟값을 포함하여 그 함수를 이해한 다는 것과 마찬가지(19쪽)**라고 했었죠? 미분을 이용해 함수를 분석하고 싶다면 도 함수의 부호(양수인지 0인지 음수인지)를 바탕으로 증감표를 만들기만 하면 됩니다!

> **증감표야말로 미분의 목적 그 자체입니다!**

문제는 85쪽

해답 그래프를 그리기 전에 문제에 주어진

$$f(x) = \frac{1}{3}x^3 - x + 1$$

의 증감표를 만들어봅시다. 먼저 미분합니다. 앞에서 배운 공식을 사용해 다음 과 같이 미분할 수 있습니다.

$$x^0 = 1 \qquad f'(x) = \frac{1}{3} \cdot 3x^2 - 1 \cdot x^0 + 0$$
$$= x^2 - 1$$

> $x^n \to n x^{n-1}$ 에서
> $x^3 \to 3x^2$
> $x \to 1 \cdot x^0$
> $1 \to 0$

도함수 $f'(x)$의 부호(양수인지 음수인지)를 조사하기 위해

$$f'(x) = x^2 - 1$$

를 가지고 $y = f'(x)$ 그래프를 그려봅시다.

$$f'(x) = x^2 - 1 = (x+1)(x-1)$$

에서 $f'(x) = 0$이 되려면 $x = -1$ 또는 1이어야 하죠. $f'(x)$는 2차함수이고 **아래로 볼록**한 포물선 모양의 그래프이므로 $y = f'(x)$ 그래프는 그림 10-4처럼 됩니다.

▼ 그림 10-4 $f'(x) = x^2 - 1$의 그래프

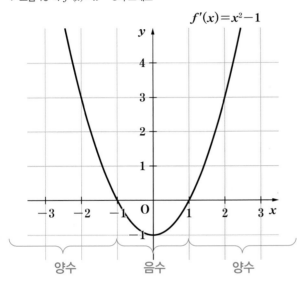

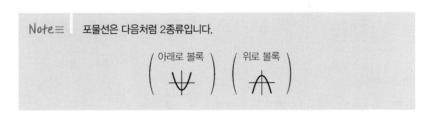

Note≡ | 포물선은 다음처럼 2종류입니다.

따라서

$$x < -1 \text{일 때} \quad f'(x) > 0$$

$$-1 \leq x \leq 1 \text{일 때} \quad f'(x) \leq 0$$

$$x > 1 \text{일 때} \quad f'(x) > 0$$

입니다. 이것을 증감표로 정리합시다!

▼ 표 10-3 $f(x) = \frac{1}{3}x^3 - x + 1$과 $f'(x) = x^2 - 1$의 증감표

	x	$\cdots$	-1	$\cdots$	1	$\cdots$
도함수	$f'(x)$	$+$	0	$-$	0	$+$
원래 함수	$f(x)$	↗	$\dfrac{5}{3}$	↘	$\dfrac{1}{3}$	↗

$$f(-1) = \frac{1}{3} \cdot (-1)^3 - (-1) + 1$$
$$= -\frac{1}{3} + 1 + 1$$
$$= \frac{5}{3}$$

$$f(1) = \frac{1}{3} \cdot 1^3 - 1 + 1$$
$$= \frac{1}{3}$$

$x = -1$일 때와 $x = 1$일 때의 $f(x)$값도 구했으니 모든 준비가 끝났습니다!

이제 표 10-3을 바탕으로 $f(x)$의 그래프를 그리면 그림 10-5와 같습니다.

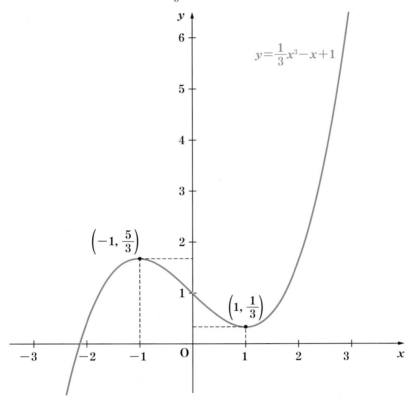

$$y=\frac{1}{3}x^3-x+1$$

$\left(-1, \dfrac{5}{3}\right)$

$\left(1, \dfrac{1}{3}\right)$

이렇게 미분과 관련된 개념 중에서 중요한 점은 모두 다뤘습니다!
다음 절부터는 미분을 응용한 예를 여러 가지 소개하겠습니다.

11 겉미분과 속미분: 합성함수의 미분

미분의 본질을 전부 알아봤으니 이제부터는 몇 절에 걸쳐서 미분을 응용한 예를 설명하겠습니다. **계산 기법이 이야기의 중심**이겠지만 모두 실제로 미분할 때 **편리하기 때문에 필수로 사용하는 계산 방법**이니 잘 알아두세요.

 문제 다음 $h(x)$에 대해 $h'(x)$를 구하세요.

$$h(x) = (x^2 + 3)^6$$

함수를 나타낼 때 항상 사용하던 $f(x)$가 아니라 $h(x)$를 사용하는 이유는 나중에 이야기하겠습니다.

여기서 $h(x)$는 2차함수의 6제곱, 즉 12차식입니다.

2항정리(76쪽)를 사용해서 전개한 다음 하나하나 미분한다? 물론 그렇게 답을 구할 수도 있지만 이 절에서 배울 **합성함수의 미분**을 사용하면 한 번에 쉽게 계산할 수 있습니다.

합성함수란?

이 책 처음에 함수의 함이 '상자'를 의미한다고 이야기했습니다. 'y가 x의 함수'일 때 x는 입력값이고 y는 출력값이었지요.

이제 이런 상자가 '2개'있다고 합시다. 상자 f는 입력값이 x이고 출력값이 u, 상자 g는 입력값이 u이고 출력값이 y라고 합시다.

♥ 그림 11-2 2개의 상자 f와 g

각 상자의 관계를 수식으로 나타내면 다음과 같습니다.

$$상자 \quad f : u = f(x) \quad \cdots ①$$
$$상자 \quad g : y = g(u) \quad \cdots ②$$

> Note≡　식 ②에서 g를 사용하는 이유는 단순히 알파벳순으로 f 다음이기 때문입니다.

마지막 출력값인 y는 상자 g의 입력값 u에 따라 결정되는데, u는 상자 f의 출력값이기도 하므로 결국 x에 따라 정해지는 수가 됩니다. 즉, 두 상자를 거치긴 하지만 **y는 x의 함수라 말할 수 있습니다.** 이를 그림 11-3과 같이 **상자 f와 상자 g를 합쳐서 하나의 상자 h로 만들면** 한층 더 명확해집니다.

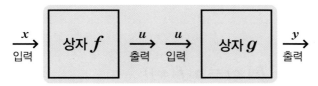

합쳐서 만든 상자 h

상자 f와 상자 g를 합쳐서 만든 상자 h의 x와 y의 관계를 다음과 같이 쓰기로 합시다.

$$y = h(x) \quad \cdots ③$$

Note≡ 　마찬가지로 h는 단순히 알파벳순으로 g 다음이기 때문에 사용한 것입니다.

한편 식 ① $u = f(x)$의 u를 식 ② $y = g(u)$의 u에 대입하면 다음과 같습니다.

$$y = g(u) = g(f(x)) \quad \cdots ④$$

그러면 ③과 ④에서 다음 식을 얻을 수 있습니다.

$$\boldsymbol{h(x) = g(f(x))}$$

이처럼 여러 개의 함수를 합성해서 만든 함수 $h(x)$를 **합성함수**라 부릅니다.

Note≡ 　문제에 주어진 $h(x) = (x^2 + 3)^6$은 $u = f(x) = x^2 + 3$과 $y = g(u) = u^6$을 합성해서 만든 합성함수입니다.

합성함수

두 함수 f와 g가 있을 때

$$h(x) = g(f(x))$$

와 같이 $g(x)$의 x에 $f(x)$를 대입해서 만들 수 있는 함수 $h(x)$를 f와 g의 합성함수라 합니다.

▼ 그림 11-4 합성함수 모식도

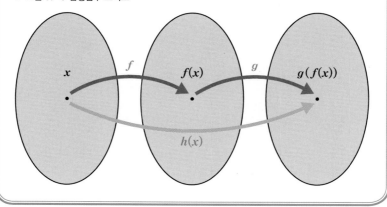

도함수를 나타내는 여러 가지 방법

지금까지 $f(x)$의 도함수는 항상 $f'(x)$로 표기했는데 $y = f(x)$일 때 도함수는 간단하게 y'로 표기할 수도 있습니다.

$$예)\quad y = x^2 \quad \Rightarrow \quad y' = 2x$$

이는 미분의 창시자인 **뉴턴**의 표기법을 따르는 방식입니다.

또 다른 창시자인 **라이프니츠**는 다른 기호를 씁니다(참고로 라이프니츠는 기호를 만들어내는 데 천재적입니다. 267쪽 참조).

도함수는 평균변화율의 극한(미분계수)을 함수로 생각하면서 유도한 개념이죠. 평균변화율은

$$평균변화율 = \frac{y\ 증가량}{x\ 증가량}$$

이므로 x 증가량을 'Δx(델타 엑스)', y 증가량을 'Δy(델타 와이)'라고 하면

$$평균변화율 = \frac{\Delta y}{\Delta x}$$

로 쓸 수 있습니다.

> Note ≡　　Δ는 수학과 과학 분야에서 증가량을 나타낼 때 자주 사용하는 기호입니다.
> difference의 첫 글자 d에 해당하는 그리스 문자가 Δ이기 때문에 사용하게 되었습니다.

$y = f(x)$에서 x가 $x \to x + h$로 변하면 y는 $f(x) \to f(x+h)$로 바뀌므로

$$\Delta x = (x+h) - x$$
$$= h$$
$$\Delta y = f(x+h) - f(x)$$

가 되므로 도함수 정의식은

$$f'(x) = \lim_{h \to 0} \frac{f(x+h) - f(x)}{h}$$

$$= \lim_{\Delta x \to 0} \frac{\Delta y}{\Delta x}$$

로 바꿔 쓸 수 있습니다. 여기서 라이프니츠는 다음과 같이 표기하기로 했습니다.

$$\lim_{\Delta x \to 0} \frac{\Delta y}{\Delta x} = \frac{dy}{dx}$$

dx는 **한없이 작은 Δx**를 나타내고 dy는 **한없이 작은 Δy**를 나타냅니다. $\frac{dy}{dx}$를 사용하면 일부러 $\lim_{\Delta x \to 0}$를 사용하지 않더라도 'x 변화량을 한없이 작게 했을 때 평균변화율의 극한'임을 나타낼 수 있습니다. 게다가 $\frac{dy}{dx}$는 단순한 약어가 아닙니다.

도함수 $f'(x)$를

$$f'(x) = \frac{dy}{dx}$$

로 표기해서 나타낸 덕분에 이 절에서 배운 합성함수의 미분과 나중에 배울 치환 적분(22절) 등을 **단순한 분수 계산으로 다룰 수 있게 되었습니다.** 라이프니츠 선생님에게 감사해야겠네요.

요점 정리 | **합성함수**

$y = f(x)$일 때

$$\lim_{h \to 0} \frac{f(x+h) - f(x)}{h} = f'(x) = y' = \lim_{\Delta x \to 0} \frac{\Delta y}{\Delta x} = \frac{dy}{dx}$$

합성함수의 미분

라이프니츠가 만든 기호를 바로 사용해봅시다. 분수의 계산

$$\frac{b}{a} = \frac{b}{c} \cdot \frac{c}{a}$$

와 똑같이 생각하면 됩니다.

$$\frac{dy}{dx} = \frac{dy}{du} \cdot \frac{du}{dx}$$

사실 이것이 **합성함수의 미분**입니다.

'엥?'이라는 말이 나오지요. 지금부터 설명하겠습니다.

$$u = f(x)$$

$$y = g(u)$$

라 하면 라이프니츠 표기법으로 다음과 같이 나타낼 수 있습니다.

$$u' = f'(x) = \frac{du}{dx} \quad \cdots ⑤$$

$$y' = g'(u) = \frac{dy}{du} \quad \cdots ⑥$$

> Note≡ 식 ⑥에서 y는 (여기서는!) u의 함수이므로 $\frac{dy}{dx}$가 아니라 $\frac{dy}{du}$라는 것에 주의하세요.

또한, f와 g의 합성함수 $h(x)$를

$$y = h(x) = g(f(x))$$

라 합시다. 여기서 $y = h(x)$의 도함수를 구해볼까요? 이번에는 y를 x의 함수라 생각해서 (f와 g라는 두 상자를 하나로 합성해서) $\frac{dy}{dx}$를 구합니다(살짝 귀찮긴 합니다).

$$h'(x) = \{g(f(x))\}' = y' = \frac{dy}{dx} = \frac{dy}{du} \cdot \frac{du}{dx} = g'(u) \cdot f'(x) = g'(f(x)) \cdot f'(x)$$

문자식으로는 바로 이해가 되지 않을 수 있으므로 다음 식을 예로 들어봅시다.

$$y = (2x+1)^2$$

$(2x+1)^2$을 전개해서 미분하는 것도 어렵지 않지만 여기서는 합성함수의 미분을 사용합니다.

$$u = 2x+1 \quad \cdots ⑦$$

라 하면

$$\frac{du}{dx} = (2x+1)' = 2+0 = 2 \quad \cdots ⑧$$

입니다. 또한,

$$y = u^2$$

이므로 미분하면 다음과 같습니다.

$$\frac{dy}{du} = (u^2)' = 2u \quad \cdots ⑨$$

자, 여기서 합성함수의 미분을 사용합니다.

$$
\begin{aligned}
y' &= \{(2x+1)^2\}' \\
&= \frac{dy}{dx} \\
&= \frac{dy}{du} \cdot \frac{du}{dx} \\
&= 2u \cdot 2 \\
&= 2(2x+1) \cdot 2 \\
&= 4(2x+1) \\
&= 8x+4
\end{aligned}
$$

$⑨ : \dfrac{dy}{du} = 2u, \quad ⑧ : \dfrac{du}{dx} = 2$

$⑦ : u = 2x+1$

혹시 모르니 정말로 이게 맞는지 확인해봅시다. 주어진 식을 전개하면 다음과 같습니다.

$$y = (2x+1)^2$$
$$= 4x^2 + 4x + 1$$

$(a+b)^2 = a^2 + 2ab + b^2$

이를 미분하면

$$y' = (4x^2 + 4x + 1)'$$
$$= 4 \cdot 2x + 4 + 0$$
$$= 8x + 4$$

$(x^2)' = 2x$
$(x)' = 1$
$(1)' = 0$

그렇죠! 같은 답입니다!

익숙해지면 일일이 u로 놓지 않아도 합성함수의 미분을 할 수 있습니다. 앞에서 색으로 강조한 식을 따로 빼서 생각하면

$$\{g(f(x))\}' = g'(f(x)) \cdot f'(x)$$
$$\{(2x+1)^2\}' = 2(2x+1) \cdot 2$$

가 되는데 우리는 이 식의 우변을 보통 **겉미분 · 속미분**이라고 부릅니다. '겉'은 g 를 말하고 '속'은 f를 말합니다.

❤ 그림 11-5 합성함수의 미분

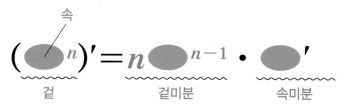

Note≡ │ '·'는 곱셈을 나타내는 '×(곱셈 기호)'의 생략 기호입니다.

$$\{g(f(x))\}' = g'(f(x)) \cdot f'(x)$$

문제는 95쪽

 해답 문제에 주어진

$$h(x) = (x^2 + 3)^6$$

을 합성함수의 미분을 사용해서 미분해봅시다.

$$h'(x) = \{(x^2+3)^6\}'$$
$$= 6(x^2+3)^5 \cdot 2x$$
$$= 12x(x^2+3)^5$$

$u = x^2 + 3$ 이라고 하면
$y = u^6$
$y' = \dfrac{dy}{dx} = \dfrac{dy}{du} \cdot \dfrac{du}{dx} = 6u^5 \cdot 2x$

맥이 빠질 정도로 간단하죠!

이렇게 미분하면 원래는 12차식이었던 합성함수 식의 차수가 줄어들어 11차식이 됩니다(2차식의 5제곱＋1차식＝2×5＋1＝11차). 너무나 간단해서 식을 좀 더 변형해 보고 싶은 독자도 있겠지만 마지막 식은 그대로가 정리된 형태이므로 더 전개할 필요는 없습니다(전개하면 매우 긴 다항식이 됩니다).

라이프니츠 선생님 덕분에 합성함수의 미분을 직관적으로 이해할 수 있었습니다. '그래봤자 기호지'라고 얕보면 안 됩니다!

12

수식 변형으로 유도한다: 곱과 몫의 미분

CALCULUS

이 절에서는 '곱의 미분'과 '몫의 미분'이라 불리는 계산 기법을 설명합니다. 여기에 나오는 식 변형은 간단하지는 않지만 정성스럽게 설명했으므로 꼼꼼히 맞서(이해하며 읽어)주세요.

 다음 계산이 옳음을 증명하세요.

$$\left\{ \frac{f(x)}{g(x)} \right\}' = \frac{f'(x)g(x) - f(x)g'(x)}{\{g(x)\}^2}$$

'이게 뭐야?'라는 소리가 들리는 것 같은 복잡한 식이지만 이 식이 바로 **몫의 미분** 공식입니다. 이 공식을 설명하기 전에 **곱의 미분** 공식을 먼저 유도하겠습니다.

곱의 미분을 할 수 있으면 합격!

먼저

$$p(x) = f(x)g(x)$$

라고 합시다. 이 $p(x)$를 정의대로 미분합시다. 도중에

$$\lim_{h \to 0} \frac{f(x+h)-f(x)}{h} = f'(x) \quad \cdots \text{①}$$

$$\lim_{h \to 0} \frac{g(x+h)-g(x)}{h} = g'(x) \quad \cdots \text{②}$$

를 이용하여 묘기를 부리듯 식을 변형하므로 주의해서 따라와 주세요.

$$p'(x) = \lim_{h \to 0} \frac{p(x+h)-p(x)}{h}$$

$$= \lim_{h \to 0} \frac{f(x+h)g(x+h)-f(x)g(x)}{h}$$

$$= \lim_{h \to 0} \frac{f(x+h)g(x+h)-f(x)g(x+h)+f(x)g(x+h)-f(x)g(x)}{h}$$

> 노란색으로 표시한 수식 부분이 핵심입니다. 분자를
> $$A - B = A - C + C - B$$
> 형태로 변형합니다. 변형하는 이유는 식 ①과 식 ②와
> 같은 형태를 만들기 위해서입니다

$$= \lim_{h \to 0} \frac{\{f(x+h)-f(x)\}g(x+h)+f(x)\{g(x+h)-g(x)\}}{h}$$

$$= \lim_{h \to 0} \left\{ \frac{f(x+h)-f(x)}{h} g(x+h) + f(x) \cdot \frac{g(x+h)-g(x)}{h} \right\}$$

$$\longrightarrow f'(x) \qquad \longrightarrow g(x) \qquad \longrightarrow g'(x)$$

> $$\frac{ab+cd}{r}$$
> $$= \frac{a}{r} \cdot b + c \cdot \frac{d}{r}$$

> $g(x+h)$는 $h \to 0$이면
> $g(x)$가 됨에 주의

$$= f'(x)g(x)+f(x)g'(x)$$

여기까지 잘 따라왔나요?

수식이 계속 나오면 그만큼 어렵게 느껴지고 수식을 보면 알레르기가 돋는 사람도 많을 것입니다. 하지만 여기서 사용한 식 변형을 따라할 수 있다면 더 이상 무서울 것이 없습니다. 적어도 고등학교 범위에서는 이 이상 묘기를 부리듯 복잡하게 식을 변형할 일은 거의 없습니다.

여유가 있다면 이 식 변형을 백지에 다시 한 번 해보세요. 이것을 할 수 있다면 식 변형에 관해서는 문제가 없을 것입니다!

요점 정리 | **곱의 미분 공식**

$$\{f(x)g(x)\}' = f'(x)g(x) + f(x)g'(x)$$

예)

$$
\begin{aligned}
&\{(x^2+x+1)(x^3+1)\}' \\
={}& (x^2+x+1)'(x^3+1) + (x^2+x+1)(x^3+1)' \\
={}& (2x+1+0)(x^3+1) + (x^2+x+1)(3x^2+0) \\
={}& (2x+1)(x^3+1) + (x^2+x+1) \cdot 3x^2 \\
={}& 2x^4+x^3+2x+1+3x^4+3x^3+3x^2 \\
={}& 5x^4+4x^3+3x^2+2x+1
\end{aligned}
$$

> 다음과 같은 분배법칙
> $$(A+B)(C+D) = AC+BC+AD+BD$$
> $$(A+B)C = AC+BC$$
> 을 사용함

곱의 미분을 직관적으로 이해해보자

수식만 계속 나왔으니 앞에 나왔던 공식을 직관적으로 이해할 수 있게 그림으로도 살펴봅시다.

그림 12-1처럼 f와 g가 각각 직사각형의 가로와 세로 길이라고 합시다.

❤ 그림 12-1 가로와 세로가 각각 f와 g인 직사각형

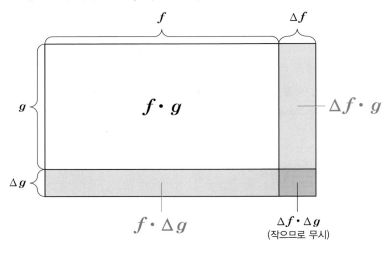

이때

$$h = f \cdot g$$

라면 **h는 직사각형의 넓이**입니다.

f와 g가 각각 x에 의해 정해지는 수(x의 함수)이고 x가 약간 바뀌면서 각각 Δf와 Δg만큼 증가한다고 하면 면적의 증가량 Δh는 다음과 같습니다.

$$\Delta h = \Delta f \cdot g + f \cdot \Delta g + \Delta f \cdot \Delta g$$

이 식에서 Δf와 Δg는 매우 작은 수이므로 마지막 항인 $\Delta f \cdot \Delta g$는 무시하면 다음과 같이 근사합니다.

> Note≡   1보다 작은 수끼리는 서로 곱하면 더 작아집니다.
>
> 예) $0.01 \times 0.02 = 0.0002$

$$\Delta h \fallingdotseq \Delta f \cdot g + f \cdot \Delta g$$

양변을 Δx로 나누면 다음과 같은 식이 됩니다.

$$\frac{\Delta h}{\Delta x} \fallingdotseq \frac{\Delta f \cdot g + f \cdot \Delta g}{\Delta x} = \frac{\Delta f}{\Delta x} \cdot g + f \cdot \frac{\Delta g}{\Delta x}$$

여기서 **Δx를 한없이 작게 만듭니다.** 라이프니츠 기호를 사용하면 다음과 같이 쓸 수 있습니다.

$$\frac{dh}{dx} = \frac{df}{dx} \cdot g + f \cdot \frac{dg}{dx}$$

Δx를 한없이 작게 만드는 극한을 취하면 $\Delta f \cdot \Delta g$가 **0에 한없이 가까워지는 것 이 명백하므로 $\fallingdotseq$는 $=$가 됩니다.**

따라서

$$h' = f'g + fg'$$

임을 알 수 있습니다.

그럼 이제 몫의 미분 공식을 증명해봅시다.

x

문제는 105쪽

 해답

$$r(x) = \frac{f(x)}{g(x)} \quad \cdots ③$$

> 곱의 미분공식을 유도할 때는
> $$p(x) = f(x)g(x)$$
> 로 두었음

라 하면 식을 다음과 같이 변형할 수 있습니다.

$$f(x) = r(x)g(x)$$

곱의 미분 공식을 사용해서 미분합니다.

$$f'(x) = r'(x)g(x) + r(x)g'(x)$$

이 식을 $r'(x)$에 대해 정리합니다(위 식을 변형한 것입니다).

$$r'(x) = \frac{f'(x) - r(x)g'(x)}{g(x)}$$

따라서 $r(x)$를 이용해 다음과 같이 정리할 수 있습니다.

$r(x)$에 ③을 대입

$$\left\{ \frac{f(x)}{g(x)} \right\}' = \frac{f'(x) - \dfrac{f(x)}{g(x)}g'(x)}{g(x)}$$

$$\frac{B-C}{A} = \frac{1}{A}(B-C)$$

$$= \frac{1}{g(x)}\left\{ f'(x) - \frac{f(x)}{g(x)}g'(x) \right\}$$

{ } 안을 통분

$$= \frac{1}{g(x)}\left\{ \frac{f'(x)g(x) - f(x)g'(x)}{g(x)} \right\}$$

$$= \frac{f'(x)g(x) - f(x)g'(x)}{\{g(x)\}^2}$$

끝났습니다!

몫의 미분 공식

$$\left\{ \frac{f(x)}{g(x)} \right\}' = \frac{f'(x)g(x) - f(x)g'(x)}{\{g(x)\}^2}$$

몫의 미분 공식은 다음과 같이 사용합니다.

예)

$$\left(\frac{x+1}{x^2+1}\right)' = \frac{(x+1)'(x^2+1)-(x+1)(x^2+1)'}{(x^2+1)^2}$$

$$= \frac{(1+0)(x^2+1)-(x+1)(2x+0)}{(x^2+1)^2}$$

$$= \frac{(x^2+1)-(x+1)\cdot 2x}{(x^2+1)^2}$$

$$= \frac{x^2+1-(2x^2+2x)}{(x^2+1)^2}$$

$$= \frac{x^2+1-2x^2-2x}{(x^2+1)^2}$$

$$= \frac{-x^2-2x+1}{(x^2+1)^2}$$

도함수 공식의 확장

몫의 미분 공식을 사용하면 다음과 같이 중요한 공식도 유도할 수 있습니다.

$$(x^{-n})' = \left(\frac{1}{x^n}\right)' = \frac{(1)'x^n-1\cdot(x^n)'}{(x^n)^2} \quad (n\text{은 자연수})$$

$$= \frac{0\cdot x^n-1\cdot nx^{n-1}}{x^{2n}}$$

$$= \frac{-nx^{n-1}}{x^{2n}} \qquad \boxed{\dfrac{a^m}{a^n}=a^{m-n}}$$

$$= -nx^{n-1-2n}$$

$$= -nx^{-n-1}$$

$$\boxed{(\boldsymbol{x^{-n}})' = -\boldsymbol{nx}^{-n-1}}$$

지금까지 사용했던 $(x^n)' = nx^{n-1}$ 공식은 2항정리(76쪽)로 유도한 것이어서 n이 자연수(양의 정수)일 때만 사용할 수 있었지만 지금 구한 공식은 n이 음의 정수인 경우에도 사용할 수 있습니다. 예를 들어

$$(x^{-3})' = -3x^{-3-1} = -3x^{-4}$$

으로 계산할 수 있습니다. 이 공식은 앞으로도 유용하게 사용합니다.

이 절은 꽤 수식이 많았죠? 하지만 엄청나게 싫거나 보기도 싫은 게 아니라면 수식을 읽는 힘은 꼭 생기니까 힘냅시다!

13 한 번에 복습하기 1: 삼각비와 삼각함수

지금까지 다룬 '함수'는

$$y = ax + b, \quad y = ax^2 + bx + c, \quad y = ax^3 + bx^2 + cx + d$$

처럼 '상수 $\times x^n$'으로 표현되는 다항식 함수였는데, 모처럼 미분을 배웠으니 고등학교 수학에서 나오는 다른 함수도 분석해볼까요? 여기서는 먼저 삼각함수를 복습합니다.

문제   삼각함수의 정의를 이용해 다음을 증명하세요.

$$\sin(\alpha + \beta) = \sin\alpha\cos\beta + \cos\alpha\sin\beta$$
$$\cos(\alpha + \beta) = \cos\alpha\cos\beta - \sin\alpha\sin\beta$$

삼각비부터 살펴보자

직각이 아닌 하나의 각도가 서로 같은 직각 삼각형은 모두 서로 닮은 꼴입니다 (크기는 달라도 형태는 같습니다).

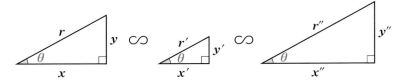

◆ 그림 13-1 서로 닮은 꼴인 직각삼각형

Note≡　∞는 '서로 닮음'을 나타내는 기호입니다.

서로 닮음인 도형은 대응하는 변의 비율이 같으므로

$$\frac{x}{r} = \frac{x'}{r'} = \frac{x''}{r''}, \quad \frac{y}{r} = \frac{y'}{r'} = \frac{y''}{r''}, \quad \frac{y}{x} = \frac{y'}{x'} = \frac{y''}{x''}$$

임을 알 수 있습니다. 이 비율(분수 값)은 직각이 아닌 하나의 각도 θ만으로 정해지는데 간단하게 θ(세타)의 식으로 표현할 수가 없으므로 각각을 $\cos\theta$(코사인), $\sin\theta$(사인), $\tan\theta$(탄젠트)로 이름 붙였습니다.

$$\frac{x}{r} = \frac{x'}{r'} = \frac{x''}{r''} = \cos\theta, \quad \frac{y}{r} = \frac{y'}{r'} = \frac{y''}{r''} = \sin\theta, \quad \frac{y}{x} = \frac{y'}{x'} = \frac{y''}{x''} = \tan\theta$$

Note≡　참고로 이 함수의 역함수를 $\sec\theta$(시컨트), $\operatorname{cosec}\theta$(코시컨트), $\cot\theta$(코탄젠트)라고 부릅니다.

$$\frac{r}{x} = \frac{1}{\cos\theta} = \sec\theta, \quad \frac{r}{y} = \frac{1}{\sin\theta} = \operatorname{cosec}\theta, \quad \frac{x}{y} = \frac{1}{\tan\theta} = \cot\theta$$

$$\frac{x}{r} = \cos\theta, \quad \frac{y}{r} = \sin\theta$$

에서 분모를 없애면(양변에 r을 곱하면) 다음 식이 됩니다.

$$x = r\cos\theta, \quad y = r\sin\theta$$

이를 그림으로 나타내면 그림 13-2가 됩니다.

▼ 그림 13-2 삼각비의 관계

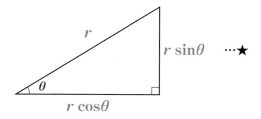

$r \sin\theta$ ···★

그림 13-2를 사용하면

$$\frac{y}{x} = \tan\theta$$

에서

$$\frac{y}{x} = \frac{r\sin\theta}{r\cos\theta} = \frac{\sin\theta}{\cos\theta} = \tan\theta$$

임을 바로 알 수 있습니다.

Note≡　　그림 13-3과 같이 알파벳 소문자 s, c, t의 필기체로 암기한 독자도 분명히 있을 것입니다.

▼ 그림 13-3 필기체 s, c, t를 직각 삼각형에 비유한 그림

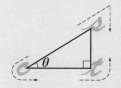

'직각이 아닌 각도가 서로 같은 직각 삼각형은 항상 서로 닮음인 관계에 있다'라는 것을 이해한 다음. 그림 13-2를 보면 삼각비를 삼각함수로 확장하거나 '삼각함수의 상호 관계'를 이해하는 데 도움이 됩니다. 이유는 나중에 설명합니다.

도수법과 라디안(호도법)

우리는 초등학교 때부터 각도를 나타낼 때 한 바퀴를 360°로 하는 '도수법(360 도법)'을 사용했습니다. '360'이라는 숫자를 선택한 이유는 1년의 일 수인 365 에 가깝고 약수가 많기 때문입니다.

한 바퀴를 360°로 하면 케이크를 12명이 나누어 가지는 경우 등의 계산은 확실히 편하지요.

하지만 그림 13-4처럼 부채꼴에 대한 호의 길이를 구하려고 하면 '한 바퀴= 360°'는 전혀 편하지 않습니다.

▼ 그림 13-4 부채꼴

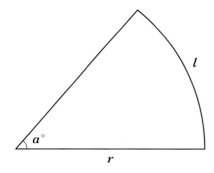

반지름이 r인 원의 원주는 $2\pi r$(π: 원주율)이므로

$$l = 2\pi r \times \frac{a}{360} = r \times \frac{a\pi}{180}$$

이 식에서 $\frac{a\pi}{180}$와 같이 복잡한 형태가 나오는 이유는 한 바퀴가 360°이기 때문입니다. 따라서 부채꼴에 대한 호의 길이 l이 단순하게 '반지름×각도'가 되도록 새로운 각도 표시 방법을 생각하게 되었습니다.

즉,

$$l = r \times \theta$$

가 되도록 하려는 것입니다. 바로 전 식과 비교했을 때

$$\theta = \frac{a\pi}{180}$$

면 되는 것을 알 수 있습니다. 이 새로운 표시 방법의 단위는 도 대신 **라디안**이라고 부릅니다. $l = r\theta$에서

$$\theta = \frac{l}{r}$$

이 되어 **반지름에 대한 호의 길이의 비율로 각도를 표현**하게 되었으므로 라디안을 사용해서 각도를 나타내는 이 방법을 **호도법**이라고 합니다.

또한, 도수법을 사용하면 호의 넓이 S는

$$S = r^2\pi \times \frac{a}{360}$$

이지만 호도법을 사용하면

$$\frac{a\pi}{180} = \theta$$

$$S = r^2\pi \times \frac{a}{360} = r^2 \times \frac{1}{2} \times \frac{a\pi}{180} = \frac{1}{2}r^2\theta$$

로 간단하게 표현할 수 있습니다.

요점 정리   **라디안(호도법)**

a를 도수법(360도법) 각도라고 하면

$$\theta = \frac{\boldsymbol{a\pi}}{\mathbf{180}} \ \text{(라디안)}$$

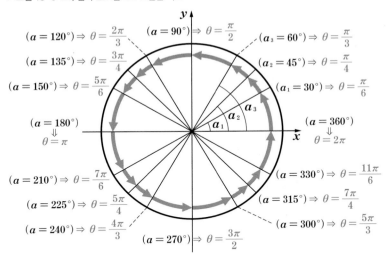

삼각비에서 삼각함수로

라디안(호도법)을 정의한 또 다른 이유가 있습니다. 삼각비를 삼각함수로 확장하기 위해서입니다. 예를 들어

$$y = \cos x$$

라는 함수가 있을 때 x에 도수법(360도법)을 사용하면 x는 ~°라는 단위의 '양'이지만, 출력인 y는 비율 값이므로 단위가 없는 '실수'입니다. 즉, x와 y에 들어가는 수의 '종류'가 다릅니다.

함수에서 입력값과 다른 종류의 수가 출력값으로 나올 수도 있지만 여러 가지로 복잡해집니다. 하지만 각도에 라디안을 사용하면 x와 y 모두 '비율 값(실수)'이 됩니다. 그러므로 이제부터는 라디안을 사용하겠습니다.

한편, 이 절 처음에 살펴본 '삼각비'는 직각 삼각형에서 각 변의 비율일 뿐이므로 θ는

$$0 < \theta < \frac{\pi}{2}\,(90°)$$

범위 안에서만 값을 가질 수 있습니다.

여기서 바로! 다음과 같이 **새로운 정의**를 도입해서 θ값의 범위를 확장합니다. 그러면 θ값을 자유롭게 선택할 수 있어 '삼각비'는 직각 삼각형에서 자유로워진 **삼각함수**로 진화할 수 있습니다.

| 요점 정리 | **삼각함수의 정의** |

원점을 중심으로 하고 반지름이 1인 원(단위원이라 합니다)의 원주 위를 x축의 양의 방향에서 반시계방향으로 각도 θ만큼 회전했을 때 점의 좌표를 $(\cos\theta,\ \sin\theta)$라 합니다.

또한, $\tan\theta$는 $\tan\theta = \dfrac{\sin\theta}{\cos\theta}$ 로 정의합니다.

Note $\equiv$ 이렇게 정의하면 θ에 임의의 실수를 사용할 수 있습니다. 또한, **시계방향으로 회전하는 각도는 음수 각도**로 정의합니다.

▼ 그림 13–6 원 위에서 정의되는 삼각함수

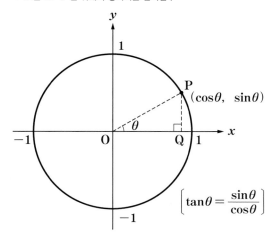

그림 13-6에서 △OPQ에 주목하세요. **피타고라스 정리**(빗변의 제곱은 다른 두 변의 제곱의 합과 같다)를 사용하면 다음이 성립합니다.

❤ 그림 13-7 △OPQ의 각 변의 길이

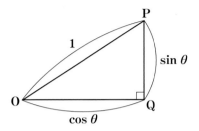

$$1^2 = (\cos\theta)^2 + (\sin\theta)^2$$
$$\therefore \quad \cos^2\theta + \sin^2\theta = 1$$

Note≡ ∴는 '따라서'를 의미하는 기호입니다. 또한, 다음을 관례적으로 사용합니다.

$$(\cos\theta)^2 = \cos^2\theta, \quad (\sin\theta)^2 = \sin^2\theta$$

$\cos\theta^2$으로 쓰면 θ^2의 삼각함수 값으로 보일 수 있기 때문입니다.

이는 $\tan\theta$의 정의와 함께 **삼각함수의 상호 관계**라 불리며, 삼각함수끼리 변환할 때 중요합니다.

요점 정리 | 삼각함수의 상호 관계

$$\tan\theta = \frac{\sin\theta}{\cos\theta}$$
$$\cos^2\theta + \sin^2\theta = 1$$

음각 · 여각 공식

삼각함수의 정의에 따라 그림을 그리면 그림 13-8의 공식을 유도할 수 있습니다.

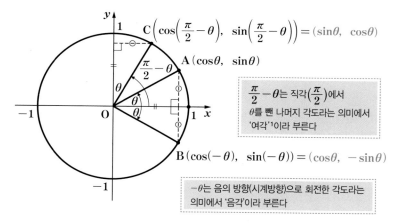

$\dfrac{\pi}{2} - \theta$는 직각$\left(\dfrac{\pi}{2}\right)$에서 θ를 뺀 나머지 각도라는 의미에서 '여각'[1]이라 부른다

$-\theta$는 음의 방향(시계방향)으로 회전한 각도라는 의미에서 '음각'이라 부른다

먼저 단위원(반지름이 1인 원) 위에 x축의 양의 방향에서 각도 θ만큼 회전한 점 A$(\cos\theta, \sin\theta)$를 잡습니다. 다음으로 A와는 반대 방향(음의 방향)으로 각도 θ만큼 회전한 점 B$(\cos(-\theta), \sin(-\theta))$를 잡으면 B는 A와 x축을 기준으로 대칭이 되므로 x좌표는 같고 y좌표는 부호가 반대가 됩니다. 즉, 다음과 같습니다.

$$(\cos(-\theta), \ \sin(-\theta)) = (\cos\theta, \ -\sin\theta) \quad \text{(음각 공식)}$$

마지막으로 y축의 양의 방향에서 음의 방향으로 각도 θ만큼 회전한 점 C를 잡으면 그림 13-8에서 C의 x좌표 = A의 y좌표, C의 y좌표 = A의 x좌표이므로 다음과 같이 됩니다.

$$\left(\cos\left(\frac{\pi}{2} - \theta\right), \ \sin\left(\frac{\pi}{2} - \theta\right)\right) = (\sin\theta, \ \cos\theta) \quad \text{(여각 공식)}$$

---

1 **역주** 여각에서 '여'는 여유. 여가에서 쓰인 '남을 여'자입니다. 풀어쓰면 '남은 각'이죠.

음각 · 여각 공식

$$\cos(-\theta) = \cos\theta, \quad \sin(-\theta) = -\sin\theta$$

$$\cos\left(\frac{\pi}{2} - \theta\right) = \sin\theta, \quad \sin\left(\frac{\pi}{2} - \theta\right) = \cos\theta$$

Note≡ **두 점 사이의 거리 공식**

절 시작 부분에 있던 문제를 푸는 데 필요한 '두 점 사이의 거리 공식'도 알아봅시다. 피타고라스 정리를 사용해서 구합니다.

❤ 그림 13-9 두 점 A와 B 사이의 거리

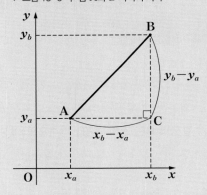

먼저 그림 13-9처럼 A(x_a, y_a)와 B(x_b, y_b)라는 두 점이 있다고 합시다. 피타고라스 정리에서

$$AB^2 = AC^2 + BC^2$$

이므로 A와 B 사이의 거리는 다음과 같습니다.

$$AB^2 = (x_b - x_a)^2 + (y_b - y_a)^2$$

$$\therefore \quad AB = \sqrt{(x_b - x_a)^2 + (y_b - y_a)^2}$$

이렇게 준비를 모두 마쳤습니다. 이제 문제를 풀어봅시다.

해답 다음 두 식을 증명하겠습니다.

$$\sin(\alpha + \beta) = \sin\alpha\cos\beta + \cos\alpha\sin\beta,$$

$$\cos(\alpha + \beta) = \cos\alpha\cos\beta - \sin\alpha\sin\beta$$

정의대로 생각하면 $(\cos(\alpha+\beta),\ \sin(\alpha+\beta))$라는 점은 단위원 위의 x축 양의 방향에서 각도 $\alpha + \beta$만큼 회전한 점입니다. 이제 그림 13−10처럼 A, P, Q, R 을 잡습니다.

❤ 그림 13−10 단위원 위의 점 A, P, Q, R

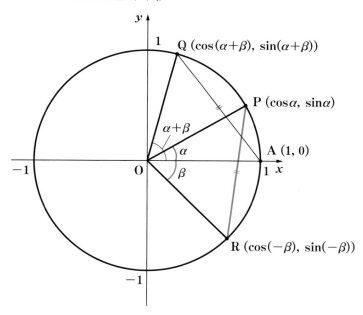

각 점의 좌표는 다음과 같습니다.

$$A(1,\ 0)$$
$$P(\cos\alpha,\ \sin\alpha)$$
$$Q(\cos(\alpha+\beta),\ \sin(\alpha+\beta))$$
$$R(\cos(-\beta),\ \sin(-\beta))=R(\cos\beta,\ -\sin\beta)$$

R 좌표에는 **음각 공식**을 사용했습니다. 그림 13–10에서 RP를 원점을 기준으로 β만큼 회전시키면 AQ와 겹치는 것을 알 수 있으므로 다음과 같습니다.

$$AQ = RP$$

여기서 **두 점 사이의 거리 공식**을 사용하면 다음처럼 나옵니다.

$$\sqrt{\{\cos(\alpha+\beta)-1\}^2+\{\sin(\alpha+\beta)-0\}^2}=\sqrt{(\cos\beta-\cos\alpha)^2+(-\sin\beta-\sin\alpha)^2}$$

양변을 제곱한 후에 전개합니다.

$$(a+b)^2=a^2+2ab+b^2$$
$$(a-b)^2=a^2-2ab+b^2$$

$$(-\sin\beta-\sin\alpha)^2=\{-(\sin\beta+\sin\alpha)\}^2$$
$$=(\sin\beta+\sin\alpha)^2$$

$$\cos^2(\alpha+\beta)-2\cos(\alpha+\beta)+1^2+\sin^2(\alpha+\beta)$$
$$=\cos^2\beta-2\cos\beta\cos\alpha+\cos^2\alpha+\sin^2\beta+2\sin\beta\sin\alpha+\sin^2\alpha$$

삼각함수의 상호관계에서 $\cos^2\theta+\sin^2\theta=1$을 이용하면 위 식을 다음과 같이 정리할 수 있습니다.

$$2-2\cos(\alpha+\beta)=2-2\cos\beta\cos\alpha+2\sin\beta\sin\alpha$$

$$\Leftrightarrow\quad -2\cos(\alpha+\beta)=-2\cos\beta\cos\alpha+2\sin\beta\sin\alpha$$

$$\Leftrightarrow\quad \cos(\alpha+\beta)=\cos\alpha\cos\beta-\sin\alpha\sin\beta \quad \cdots ①$$

-2

$\div(-2)$

이렇게 코사인 쪽을 증명했습니다.

사인 쪽은 ①에 방금 배운 '음각·여각 공식'을 사용하면 비교적 간단하게 유도할 수 있습니다.

$$\sin(\alpha+\beta) = \cos\left\{\frac{\pi}{2}-(\alpha+\beta)\right\}$$

여각 공식에서
$$\sin\theta = \cos\left(\frac{\pi}{2}-\theta\right)$$

$$= \cos\left\{\left(\frac{\pi}{2}-\alpha\right)+(-\beta)\right\}$$

①에서

$$= \cos\left(\frac{\pi}{2}-\alpha\right)\cos(-\beta) - \sin\left(\frac{\pi}{2}-\alpha\right)\sin(-\beta)$$

음각·여각 공식

$$= \sin\alpha\cos\beta - \cos\alpha(-\sin\beta)$$

$$= \sin\alpha\cos\beta + \cos\alpha\sin\beta$$

이렇게 변형할 수 있습니다. (증명 끝)

지금 설명한 내용은 **삼각함수의 덧셈정리**입니다. '싸코플코싸'나 '꼬꼬마신신'같이 외운 독자분도 많을 것입니다.

이렇게 유명한 공식이, 게다가 교과서에 증명까지 실리는 공식이 대학교 입시 문제에 나와서 당시에는 꽤 화제가 되었습니다.

공식은 항상 결과보다 과정이 중요합니다. 사용하는 공식은 항상 스스로 유도할 수 있도록 하세요!

주요 직각 삼각형

삼각함수의 주요 값은 '주요 직각 삼각형'을 이용해서 계산합니다. 주요 직각 삼각형이란 삼각자 모양의 두 직각 삼각형으로 그림 13-11과 같은 모양입니다.

▼ 그림 13-11 주요 직각 삼각형

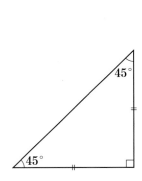
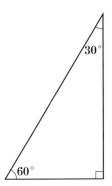

왼쪽 직각 삼각형은 이등변 삼각형이므로 빗변(가장 긴 변)의 길이를 1이라고 하면 남은 두 변의 길이는 피타고라스 정리를 사용해 다음과 같이 계산할 수 있습니다.

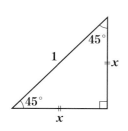

$$x^2 + x^2 = 1^2$$
$$2x^2 = 1$$
$$x^2 = \frac{1}{2}$$
$$x = \frac{1}{\sqrt{2}}$$

또한, 두 각이 각각 30°와 60°인 직각 삼각형은 정삼각형의 절반입니다. 이 사실과 피타고라스 정리를 이용해서 각 변의 길이를 구합니다(여기서도 빗변의 길이는 1로 합니다).

❤ 그림 13-13 두 각이 각각 30°, 60°인 삼각형

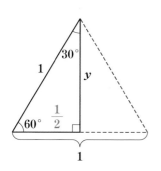

$$\left(\frac{1}{2}\right)^2 + y^2 = 1^2$$
$$y^2 = 1^2 - \left(\frac{1}{2}\right)^2$$
$$= 1 - \frac{1}{4}$$
$$= \frac{3}{4}$$
$$y = \frac{\sqrt{3}}{2}$$

그림 13-12와 13-13에서 알 수 있듯이 빗변의 길이를 1이라고 했을 때 주요 직각 삼각형 각 변의 길이는 그림 13-14와 같습니다.

❤ 그림 13-14 주요 직각 삼각형의 값

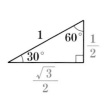
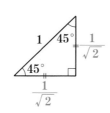
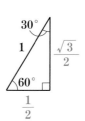

삼각함수의 주요 값

그림 13-15는 주요 직각 삼각형의 각 변의 길이를 이용해서 반지름 1인 원 위에 있는 점의 좌표를 구한 것입니다.

▼ 그림 13-15 직각 삼각형의 주요 값

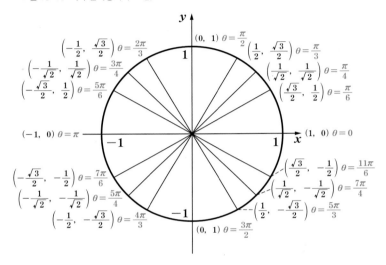

삼각함수의 정의에 따르면 그림 13-15에서 각 점의 좌표는 $(\cos\theta, \sin\theta)$였습니다. $\theta = 0$인 점부터 $\cos\theta$만을 모으면 다음과 같습니다.

$$1 \rightarrow \frac{\sqrt{3}}{2} \rightarrow \frac{1}{\sqrt{2}} \rightarrow \frac{1}{2} \rightarrow 0 \rightarrow -\frac{1}{2} \rightarrow -\frac{1}{\sqrt{2}} \rightarrow -\frac{\sqrt{3}}{2}$$

$$\rightarrow -1 \rightarrow -\frac{\sqrt{3}}{2} \rightarrow -\frac{1}{\sqrt{2}} \rightarrow -\frac{1}{2} \rightarrow 0 \rightarrow \frac{1}{2} \rightarrow \frac{1}{\sqrt{2}} \rightarrow \frac{\sqrt{3}}{2}$$

세로축을 y, 가로축을 θ로 하여 좌표축 위에 이 값을 집어넣고 부드럽게 연결한 그림이 $y = \cos\theta$의 그래프입니다.

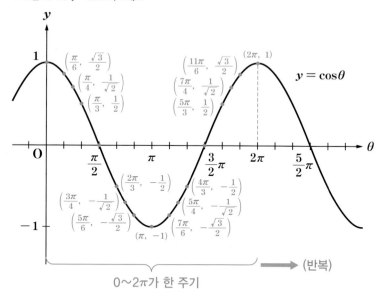

▼ 그림 13-16 $y = \cos\theta$의 그래프

$\left(\dfrac{\pi}{6},\ \dfrac{\sqrt{3}}{2}\right)$
$\left(\dfrac{\pi}{4},\ \dfrac{1}{\sqrt{2}}\right)$
$\left(\dfrac{\pi}{3},\ \dfrac{1}{2}\right)$

$\left(\dfrac{11\pi}{6},\ \dfrac{\sqrt{3}}{2}\right)$
$(2\pi,\ 1)$
$\left(\dfrac{7\pi}{4},\ \dfrac{1}{\sqrt{2}}\right)$
$\left(\dfrac{5\pi}{3},\ \dfrac{1}{2}\right)$

$y = \cos\theta$

$\left(\dfrac{2\pi}{3},\ -\dfrac{1}{2}\right)$
$\left(\dfrac{4\pi}{3},\ -\dfrac{1}{2}\right)$
$\left(\dfrac{3\pi}{4},\ -\dfrac{1}{\sqrt{2}}\right)$
$\left(\dfrac{5\pi}{4},\ -\dfrac{1}{\sqrt{2}}\right)$
$\left(\dfrac{5\pi}{6},\ -\dfrac{\sqrt{3}}{2}\right)$
$(\pi,\ -1)$
$\left(\dfrac{7\pi}{6},\ -\dfrac{\sqrt{3}}{2}\right)$

(반복)

0~2π가 한 주기

마찬가지로 그림 13-15에서 $\theta=0$인 점부터 $\sin\theta$만을 모으면 다음과 같습니다.

$$0 \to \frac{1}{2} \to \frac{1}{\sqrt{2}} \to \frac{\sqrt{3}}{2} \to 1 \to \frac{\sqrt{3}}{2} \to \frac{1}{\sqrt{2}} \to \frac{1}{2}$$

$$\to 0 \to -\frac{1}{2} \to -\frac{1}{\sqrt{2}} \to -\frac{\sqrt{3}}{2} \to -1 \to -\frac{\sqrt{3}}{2} \to -\frac{1}{\sqrt{2}} \to -\frac{1}{2}$$

똑같은 방법으로 이 값을 그려 넣은 후 부드럽게 연결하면 그림 13-17처럼 $y=\sin\theta$의 그래프를 그릴 수 있습니다.

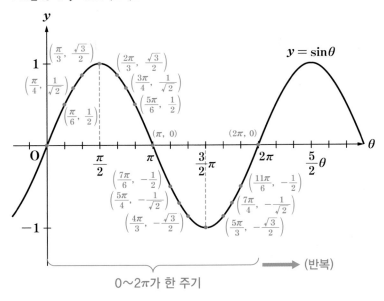

$y = \cos\theta$와 $y = \sin\theta$ 그래프의 가장 큰 특징은 $2\pi(360°)$를 주기로 **같은 파형이 반복된다는 것**입니다. 이런 함수를 **주기함수**라 부릅니다.

또한, $y = \cos\theta$와 $y = \sin\theta$ 그래프는 같은 형태이기 때문에 $y = \cos\theta$ 그래프를 θ축의 양수 방향으로 $\frac{\pi}{2}$만큼 평행 이동시키면 $y = \sin\theta$ 그래프와 겹칩니다.

이제 남은 함수는 $\tan\theta$입니다. $\tan\theta$의 그래프를 그리려면

$$\tan\theta = \frac{\sin\theta}{\cos\theta}$$

를 사용해서 각 값을 계산해야 합니다. 그 결과가 다음 표와 같습니다.

❤ 표 13-1 $\tan\theta$ 값

θ	0	$\frac{\pi}{6}$	$\frac{\pi}{4}$	$\frac{\pi}{3}$	$\frac{\pi}{2}$	$\frac{2\pi}{3}$	$\frac{3\pi}{4}$	$\frac{5\pi}{6}$	π	$\frac{7\pi}{6}$	$\frac{5\pi}{4}$	$\frac{4\pi}{3}$	$\frac{3\pi}{2}$	$\frac{5\pi}{3}$	$\frac{7\pi}{4}$	$\frac{11\pi}{6}$	2π
$\tan\theta$	0	$\frac{1}{\sqrt{3}}$	1	$\sqrt{3}$	/	$-\sqrt{3}$	-1	$-\frac{1}{\sqrt{3}}$	0	$\frac{1}{\sqrt{3}}$	1	$\sqrt{3}$	/	$-\sqrt{3}$	-1	$-\frac{1}{\sqrt{3}}$	0

표 13-1에서 $\theta=\dfrac{\pi}{2}$일 때와 $\theta=\dfrac{3\pi}{2}$일 때는 'tan θ 값이 없다'는 것에 주의하세요. 이유는 $\tan\theta=\dfrac{\sin\theta}{\cos\theta}$에서 분모인 $\cos\theta$가 0이 되기 때문입니다.

❤ 그림 13-18 $y=\tan\theta$의 그래프

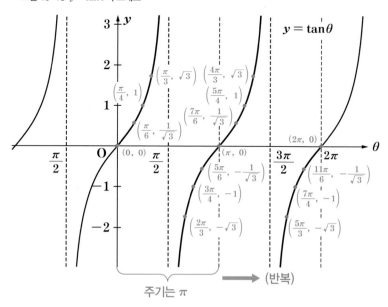

주기는 π

(반복)

tanθ도 마찬가지로 주기함수지만 앞의 함수와는 다르게 주기가 π입니다.

14 부채꼴로 생각한다:
삼각함수의 미분

CALCULUS

앞 절은 고등학교 수업 내용으로 환산하면 2개월 정도의 내용을 꽉 압축한 내용이라 삼각함수를 처음 공부하거나 이미 잊어버린 독자는 소화하기 꽤 힘들었을 것입니다(고생했습니다).

이번 절에서는 드디어 삼각함수를 미분합니다! 지금까지의 고생이 **결실을 맺어서 살짝 쾌감을 느낄 수 있을 것입니다.**

 다음 함수를 미분하세요.

$$y = \tan x$$

삼각함수의 상호 관계(120쪽)에서

$$\tan x = \frac{\sin x}{\cos x}$$

이었지요. 이 식과 **몫의 미분 공식**(110쪽)을 사용하면

$$(\tan x)' = \left(\frac{\sin x}{\cos x} \right)' = \frac{(\sin x)'\cos x - \sin x(\cos x)'}{(\cos x)^2} \qquad \boxed{\left\{ \frac{f(x)}{g(x)} \right\}' = \frac{f'(x)g(x) - f(x)g'(x)}{\{g(x)\}^2}}$$

가 됩니다.

즉, $\sin x$와 $\cos x$를 미분할(도함수를 구할) 수 있다면 $\tan x$를 미분할 수 있다는 말입니다.

삼각함수의 기본 극한

$\sin x$와 $\cos x$를 미분한다는 말은 도함수의 정의(88쪽)에 따라 다음 두 식처럼 극한을 구한다는 말입니다.

$$(\sin x)' = \lim_{h \to 0} \frac{\sin(x+h) - \sin x}{h}$$

$$(\cos x)' = \lim_{h \to 0} \frac{\cos(x+h) - \cos x}{h}$$

식 안에 있는 $\sin(x+h)$와 $\cos(x+h)$는 앞 절에서 배운 덧셈 정리(125쪽)를 사용해서 전개할 수 있을 것처럼 보이지만 덧셈 정리만으로는 아직 이 두 극한을 계산할 수 없습니다.

이 두 극한을 계산하려면 삼각함수의 기본 극한을 알아야 합니다. 이 내용을 먼저 공부합시다.

우선 그림 14-1과 같이 **반지름이 1인 부채꼴 OAB**에 내접하는 **직각 삼각형 OPB**와 외접하는 **직각 삼각형 OAQ**를 생각합니다.

▼ 그림 14-1 반지름이 1인 부채꼴 OAB에 내접하는 △OPB와 외접하는 △OAQ

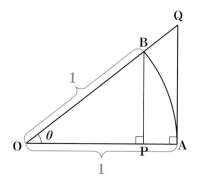

이 세 도형의 면적을 생각해보면 쉽게

$$\triangle OPB \leq \text{부채꼴 } OAB \leq \triangle OAQ$$

임을 알 수 있습니다.

자, 드디어 여기서부터 지금까지 배운 내용이 차례차례 연결됩니다!

앞 절에서 배운 내용부터 복습합시다.

❤ 그림 14-2 한 각이 θ이고 빗변의 길이가 r인 직각 삼각형의 각 변을 삼각함수로 나타낸 모습

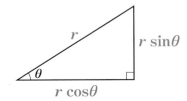

$$\frac{y}{x} = \tan\theta \quad \Rightarrow \quad y = x \cdot \tan\theta$$

호도법을 사용하면 부채꼴의 면적 S가

$$S = \frac{1}{2}r^2\theta$$

가 되므로(117쪽) 그림 14-1에 있는 도형의 면적은 각각 그림 14-3처럼 됩니다.

❤ 그림 14-3 그림 14-1의 각 도형의 면적

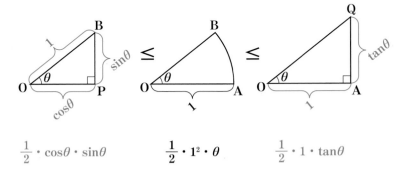

부등호로 나타내면

$$\frac{1}{2} \cdot \cos\theta \cdot \sin\theta \leq \frac{1}{2} \cdot 1^2 \cdot \theta \leq \frac{1}{2} \cdot 1 \cdot \tan\theta$$

$\quad \times 2$

$$\Rightarrow \quad \cos\theta\sin\theta \leq \theta \leq \tan\theta$$

$$\tan\theta = \frac{\sin\theta}{\cos\theta}$$

$$\Rightarrow \quad \cos\theta\sin\theta \leq \theta \leq \frac{\sin\theta}{\cos\theta}$$

$\quad \div \sin\theta$

$$\Rightarrow \quad \cos\theta \leq \frac{\theta}{\sin\theta} \leq \frac{1}{\cos\theta}$$

여기서 θ를 한없이 0에 가까워지게 만듭시다. 그림 14-4는 삼각함수의 정의 (119쪽)에 등장했던 그림입니다. $\theta = 0$일 때 P는 $(1, 0)$이므로 다음과 같습니다.

$$(\cos 0, \ \sin 0) = (1, \ 0)$$

❤ 그림 14-4 단위원 위의 점 P

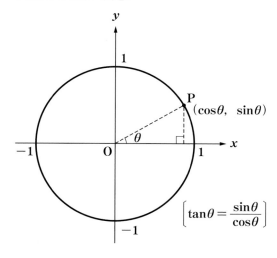

따라서

$$\lim_{\theta \to 0} \cos\theta = 1$$

$$\lim_{\theta \to 0} \frac{1}{\cos\theta} = \frac{1}{1} = 1$$

입니다(대입만 했습니다). 단,

$$\lim_{\theta \to 0} \frac{\theta}{\sin\theta}$$

는 θ에 0을 대입하면 $\frac{0}{0}$ 형태가 됩니다. $\frac{0}{0}$ 형태는 분모를 0으로 만드는 성분을 소거하는 것이 정석이었지만(51쪽) 이번에는 간단히 없앨 수 있을 것 같지 않습니다.

이럴 때는 다음과 같이 생각합니다.

$$\cos\theta \le \frac{\theta}{\sin\theta} \le \frac{1}{\cos\theta}$$

$$\Rightarrow \quad \lim_{\theta \to 0} \cos\theta \le \lim_{\theta \to 0} \frac{\theta}{\sin\theta} \le \lim_{\theta \to 0} \frac{1}{\cos\theta}$$

$$\Rightarrow \quad 1 \le \lim_{\theta \to 0} \frac{\theta}{\sin\theta} \le 1$$

그러면 $\lim_{\theta \to 0} \frac{\theta}{\sin\theta}$는 1 이상이면서 1 이하라는 말이 됩니다.
그렇다는 말은

$$\lim_{\theta \to 0} \frac{\theta}{\sin\theta} = 1$$

이라는 뜻이지요! 이 극한은 교과서에 보통 역수 형태로 실려 있습니다.

$$\lim_{\theta \to 0} \frac{\sin\theta}{\theta} = 1 \quad \cdots \ ①$$

$$\lim_{x \to a} g(x) = p, \quad \lim_{x \to a} h(x) = p 일 \ 때$$

$$g(x) \leq f(x) \leq h(x)$$

라면

$$\lim_{x \to a} g(x) \leq \lim_{x \to a} f(x) \leq \lim_{x \to a} h(x)$$
$$\Rightarrow \quad p \leq \lim_{x \to a} f(x) \leq p$$

에서

$$\lim_{x \to a} f(x) = p$$

라고 생각하는 방법을 수학에서는 **샌드위치 정리**라고 부릅니다.

$\sin x$와 $\cos x$를 미분하는 데 필요한 기본 극한이 한 가지 더 있습니다. 이 극한은 식 ①을 사용해서 계산할 수 있습니다.

$$\lim_{\theta \to 0} \frac{1 - \cos\theta}{\theta^2} = \lim_{\theta \to 0} \frac{1 - \cos\theta}{\theta^2} \times \frac{1 + \cos\theta}{1 + \cos\theta}$$

$$= \lim_{\theta \to 0} \frac{1^2 - \cos^2\theta}{\theta^2(1 + \cos\theta)}$$

$$(a - b)(a + b) = a^2 - b^2$$

$$= \lim_{\theta \to 0} \frac{1 - \cos^2\theta}{\theta^2} \times \frac{1}{1 + \cos\theta}$$

$$= \lim_{\theta \to 0} \frac{\sin^2\theta}{\theta^2} \times \frac{1}{1 + \cos\theta}$$

$$\cos^2\theta + \sin^2\theta = 1$$
$$\Rightarrow \quad 1 - \cos^2\theta = \sin^2\theta$$

$$= \lim_{\theta \to 0} \left(\frac{\sin\theta}{\theta}\right)^2 \times \frac{1}{1 + \cos\theta}$$

$$= 1^2 \times \frac{1}{1 + 1}$$

$$\lim_{\theta \to 0} \frac{\sin\theta}{\theta} = 1$$
$$\lim_{\theta \to 0} \cos\theta = 1$$

$$= \frac{1}{2}$$

이 두 극한이 삼각함수의 기본 극한입니다.

$$\lim_{\theta \to 0} \frac{\sin\theta}{\theta} = 1$$

$$\lim_{\theta \to 0} \frac{1-\cos\theta}{\theta^2} = \frac{1}{2}$$

$\sin x$와 $\cos x$의 도함수

바로 앞에서 배운 극한 공식과 앞 절에서 증명했던 '덧셈 정리'(125쪽)를 이용해서 $\sin x$와 $\cos x$의 도함수를 구해봅시다. 먼저 도함수의 정의에서 출발합니다.

$$
\begin{aligned}
(\sin x)' &= \lim_{h \to 0} \frac{\sin(x+h) - \sin x}{h} \\
&= \lim_{h \to 0} \frac{\sin x \cos h + \cos x \sin h - \sin x}{h} \\
&= \lim_{h \to 0} \frac{\cos x \sin h + \sin x(\cos h - 1)}{h} \\
&= \lim_{h \to 0} \frac{\cos x \sin h - \sin x(1 - \cos h)}{h} \\
&= \lim_{h \to 0} \left(\cos x \frac{\sin h}{h} - \sin x \frac{1 - \cos h}{h} \right) \\
&= \lim_{h \to 0} \left(\cos x \frac{\sin h}{h} - \sin x \frac{1 - \cos h}{h^2} \cdot h \right) \\
&= \cos x \cdot 1 - \sin x \cdot \frac{1}{2} \cdot 0 \\
&= \cos x
\end{aligned}
$$

덧셈 정리(125쪽)에서
$$\sin(\alpha + \beta) = \sin\alpha\cos\beta + \cos\alpha\sin\beta$$

$$A(B - C) = -A(C - B)$$

$$\frac{1-\cos h}{h^2}$$
형태를 억지로 만듦

삼각함수의 기본 극한
$$\lim_{\theta \to 0} \frac{\sin\theta}{\theta} = 1$$
$$\lim_{\theta \to 0} \frac{1-\cos\theta}{\theta^2} = \frac{1}{2}$$

즉,

$$(\sin x)' = \cos x$$

입니다.

이 결과와 **합성함수의 미분**(104쪽)을 사용해서 $\cos x$의 도함수도 구해봅시다.

$$(\cos x)' = \left\{ \sin\left(\frac{\pi}{2} - x \right) \right\}'$$

$$= \cos\left(\frac{\pi}{2} - x \right) \cdot \left(\frac{\pi}{2} - x \right)'$$

겉미분 ⌣ 속미분

$$= \sin x \cdot (-1)$$

$$= -\sin x$$

여각 공식(122쪽)

$$\sin\left(\frac{\pi}{2} - \theta \right) = \cos\theta$$

$$\cos\left(\frac{\pi}{2} - \theta \right) = \sin\theta$$

$$\left(\frac{\pi}{2} - x \right)' = 0 - 1 = -1$$

이렇게 다음 요점 정리의 공식을 유도할 수 있습니다.

요점 정리 sinx와 cosx의 도함수

$$(\sin x)' = \cos x$$

$$(\cos x)' = -\sin x$$

이렇게 첫 번째 목표를 달성했습니다.

이제 $\tan x$를 미분해봅시다.

앞에서 구한 $\sin x$와 $\cos x$의 도함수 공식과 **삼각함수의 상호 관계**(120쪽) 그리고 **몫의 미분**(110쪽)을 사용합니다.

흔히 **고등학교 수학은 (이과) 미적분**을 공부하면 전체가 정리된다고 말합니다. 이 삼각함수의 미분에서도 지금까지 **흩어져 있던 각 단원 내용이 연결되어 하나의 결과로 수렴하는 모습**을 볼 수 있습니다

❤ 그림 14-5 각 단원의 연결도

해답

$$y = \tan x$$

에서 몫의 미분과 삼각함수의 상호 관계를 이용하면 다음과 같이 구할 수 있습니다.

$$y' = (\tan x)'$$

$$= \left(\frac{\sin x}{\cos x} \right)' \qquad \boxed{\tan x = \frac{\sin x}{\cos x}}$$

$$= \frac{(\sin x)' \cos x - \sin x (\cos x)'}{(\cos x)^2} \qquad \boxed{\left\{ \frac{f(x)}{g(x)} \right\}' = \frac{f'(x)g(x) - f(x)g'(x)}{\{g(x)\}^2}}$$

$$= \frac{\cos x \cdot \cos x - \sin x \cdot (-\sin x)}{\cos^2 x} \qquad \boxed{\begin{array}{l} (\sin x)' = \cos x \\ (\cos x)' = -\sin x \end{array}}$$

$$= \frac{\cos^2 x + \sin^2 x}{\cos^2 x}$$

$$= \frac{1}{\cos^2 x} \qquad \boxed{\cos^2 \theta + \sin^2 \theta = 1}$$

지금까지 배운 내용 중에 쓸데없는 것은 없다는 걸 알았죠?

15 한 번에 복습하기 2: 거듭제곱과 지수함수

'조금 옆길로 새기 ①: 0으로 나누면 안 되는 이유'(53쪽)에서 a^x의 x(지수)에 0 이나 음의 정수를 넣어 '확장'하면 다음과 같이 된다고 설명했습니다.

$$a^0 = 1, \quad a^{-n} = \frac{1}{a^n}$$

이 절에서는 더 확장하여 a^x의 x가 유리수(분수)나 무리수(분수로 나타낼 수 없는 수)일 때도 a^x을 정의할 수 있음을 설명합니다. 왜 하냐고요? 지수에 모든 실수를 사용할 수 있다는 것을 알면 a^x이 **함수로 승격**되기 때문입니다! (조금 뒤에 자세히)

 다음 부등식을 푸세요.

$$\left(\frac{1}{8}\right)^{x-1} > \left(\frac{1}{4}\right)^{3x}$$

$$\left(\frac{1}{8}\right)^{x-1} = \left\{\left(\frac{1}{2}\right)^3\right\}^{x-1} = \left(\frac{1}{2}\right)^{3x-3}, \quad \left(\frac{1}{4}\right)^{3x} = \left\{\left(\frac{1}{2}\right)^2\right\}^{3x} = \left(\frac{1}{2}\right)^{6x}$$

으로 변형할 수 있으므로 $\left(\frac{1}{2}\right)^{3x-3}$ 과 $\left(\frac{1}{2}\right)^{6x}$ 의 대소를 알면 이 문제를 풀 수 있습니다. 이 문제의 답은 **지수함수**

$$y = \left(\frac{1}{2} \right)^x$$

의 그래프가 가르쳐줍니다.

y가 x의 함수이기 위해 필요한 또 하나의 조건

지수함수 이야기로 들어가기에 앞서 'y가 x의 함수가 되기 위해 필요한 또 하나의 조건'을 살펴봅시다.

이 책 시작 부분에서 함수의 함은 '상자'라는 이야기를 했습니다. 상자에 어떤 수를 입력으로 집어넣으면 출력이 결정될 때, 즉 **출력값 y가 입력값 x에 따라 한 가지로 정해지는 수일 때** 'y는 x의 함수이다'라고 말했습니다.

실은 y가 x의 함수이기 위해서는 또 한 가지 명확히 해야 하는 조건이 있습니다. 바로 **입력값 x를 자유롭게 선택할 수 있어야 한다는 점**입니다. 왜일까요?

예로 들 '상자'로 자판기를 상상해봅시다.

▼ 그림 15-1 제멋대로 작동하는 자판기

이런 상황에서 입력값은 버튼이고 출력값은 주스입니다. **이 자판기를 신뢰할 수 있으려면 자유롭게 선택한 하나의 버튼에 (그 버튼에 있는) 한 가지의 상품이 대응해야 합니다.**

만약 앞의 'y가 x에 의해 하나로 정해진다'가 지켜지지 않는다면 같은 버튼을 눌렀을 때 매번 다른 상품이 나오게 됩니다. 게임처럼 즐기는 경우가 아니라면 일반적으로 그런 자판기에서 무언가 사고 싶지는 않을 것입니다. 그리고 자판기의 버튼 몇 개가 고장 나서 누를 수 없는 경우도 답답합니다. '누를 수 없으면 아예 만들지를 말지'라고 생각하게 되죠.

결국 **입력값 x를 자유롭게 선택할 수 있다**는 말은(주스가 매진된 경우는 제외) 자판기에 있는 버튼을 아무거나 마음대로 선택할 수 있다는 말입니다.

지금까지 한 이야기를 정리하면 다음과 같습니다.

요점 정리 | **y가 x의 함수일 때**

(i) y는 x에 의해 하나로 정해지는 수이다.

(ii) x값을 자유롭게 선택할 수 있다.

Note≡ 함수 $y = f(x)$에서 자유롭게 정할 수 있는 x는 '독립변수', x에 의해 정해지는 y를 '종속변수'라 부르기도 합니다.

즉, y가 x의 함수이려면 y가 x에 의해 한 가지로 정해질 뿐만 아니라 **x는 실수** (real number) **범위에서 아무 값이나 선택할 수 있어야 합니다.**

Note≡ x에 허수(imaginary number)를 사용하는 것은 대학교 수학 과정에서 배웁니다.

수는 그림 15-2와 같은 종류가 있었죠. 기억나나요?

▼ 그림 15-2 수의 종류

[수의 종류]

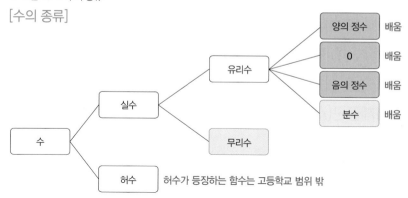

유리수(rational number)란 분수＝비율(ratio)로 나타낼 수 있는 수를 말합니다. 정수도 다음처럼 분수로 나타낼 수 있으므로 유리수입니다.

$$3 = \frac{3}{1}$$

또한, '수열의 극한'(40쪽)에서 나왔던 순환소수, 예를 들어

$$0.36363636\cdots$$

처럼 특별한 소수도

$$0.36363636\cdots = \frac{4}{11}$$

처럼 분수로 나타낼 수 있으므로 유리수입니다.

반대로 분수를 사용해서 나타낼 수 없는 수를 무리수라 부릅니다. 예를 들어 $\sqrt{2}$ 처럼 $\sqrt{}$ **를 사용해야만 나타낼 수 있는 수는 무리수입니다**(분수로는 나타낼 수 없음 이 증명되었습니다). 이밖에 π(원주율)나 $\log_{10}2$와 같은 로그(다음에 설명)도 분수로는 나타낼 수 없는 무리수입니다.

우리는 벌써 a^x의 x에 0과 음의 정수를 사용할 수 있다는 것을 확인했습니다. 나머지 '분수'와 '무리수'도 사용할 수 있다는 것을 안다면 x에는 실수 범위에서 마음대로 수를 고를 수 있게 됩니다. 그러면 드디어 **a^x는 함수가 될 수 있습니다!**

거듭제곱근(n제곱근)

a^x의 x를 분수로 확장하기 전에 **거듭제곱근**을 먼저 정의합시다. 중학교에서 0 이상인 a에 대해

$$x^2 = a \quad \Leftrightarrow \quad x = \pm\sqrt{a}$$

임을 배웠습니다. 이때 x를 'a의 제곱근'이라 불렀죠. a의 제곱근은 $x^2 = a$의 해이므로 그래프 상에서는

$$\begin{cases} y = x^2 \\ y = a \end{cases}$$

라는 두 그래프의 교점(의 x좌표)을 의미합니다.

▼ 그림 15-3 $y = x^2$의 해를 그래프로 표현

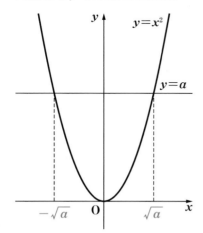

일반적으로

$$x^n = a$$

를 만족하는 x를 a의 **n제곱근**이라 합니다. n제곱근을 통칭하여 **거듭제곱근**이라고 합니다.

> **Note≡** 단, 2제곱근은 보통 '제곱근'이라 합니다.

a의 n제곱근은 $x^n = a$의 해이므로 제곱근과 똑같이 생각하면 그래프에서는 다음 두 그래프

$$\begin{cases} y = x^n \\ y = a \end{cases}$$

의 교점(의 x좌표)을 의미합니다.

$y = x^n$의 그래프

이제 $y = x^n$의 그래프는 어떤 형태가 될까요? 단서는 이미 모두 가지고 있습니다. 그렇죠, 바로 미분해서 그래프를 그리면 됩니다!

$y = x^n$의 도함수를 구해서 증감표(90쪽)를 만들어 봅시다.

$$y = x^n$$
$$\Rightarrow \quad y' = nx^{n-1}$$

증감표는 **n이 홀수인지 짝수인지에 따라 다르므로**, 다음과 같은 **경우로 나눠서** 생각합니다.

(i) n이 짝수일 경우

$$y = x^n$$
$$\Rightarrow \quad y' = nx^{n-1}$$

❤ 표 15-1 n이 짝수일 때 $y = x^n$의 증감표

x	$\cdots$	0	$\cdots$
y'	$-$	0	$+$
y	↘	0	↗

Note≡ 예를 들어 $n = 4$일 때는 $y' = 4x^3$이므로 다음처럼 됩니다.

$$x < 0 \quad \Rightarrow \quad y' < 0 \quad (4 \times 음수^3 < 0) \quad ↘$$
$$x = 0 \quad \Rightarrow \quad y' = 0 \quad (4 \times 0^3 = 0)$$
$$x > 0 \quad \Rightarrow \quad y' > 0 \quad (4 \times 양수^3 > 0) \quad ↗$$

따라서 그래프는 그림 15-4와 같습니다.

❤ 그림 15-4 n이 짝수일 때 $y = x^n$의 그래프

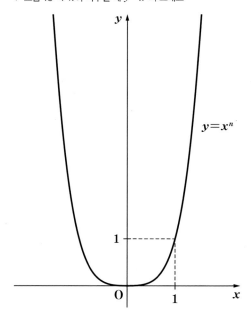

(ii) n이 홀수일 경우

$$y = x^n$$
$$\Rightarrow \quad y' = nx^{n-1}$$

▼ 표 15-2 n이 홀수일 때 $y=x^n$의 증감표

x	$\cdots$	0	$\cdots$
y'	$+$	0	$+$
y	↗	0	↗

Note≡ 예를 들어 $n=3$일 때는 $y'=3x^2$이므로 다음처럼 됩니다.

$$x < 0 \quad \Rightarrow \quad y' > 0 \quad (3 \times 음수^2 > 0) \quad ↗$$
$$x = 0 \quad \Rightarrow \quad y' = 0 \quad (3 \times 0^2 = 0)$$
$$x > 0 \quad \Rightarrow \quad y' > 0 \quad (3 \times 양수^2 > 0) \quad ↗$$

따라서 그래프는 그림 15-5와 같습니다.

▼ 그림 15-5 n이 홀수일 때 $y=x^n$의 그래프

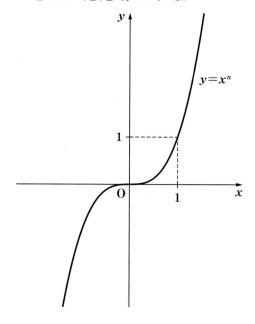

$y = x^n$

여기에 $y=a$의 그래프를 겹쳐 그려 봅시다.

❤ 그림 15-6 $y=x^n$의 그래프에 $y=a$의 그래프를 겹쳐 그린 그림

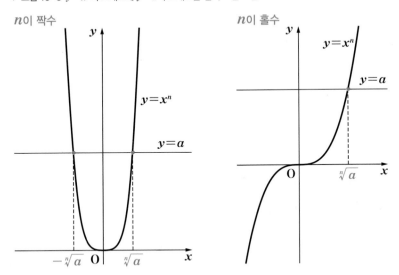

n이 짝수

n이 홀수

이렇게 해서 n이 짝수일 때는 교점(a의 n제곱근)이 2개, n이 홀수일 때는 교점(a의 n제곱근)이 1개임을 알 수 있습니다.

n이 짝수일 때 2개인 **a의 n제곱근 중 양수를 $\sqrt[n]{a}$로 나타냅니다**(음수는 $-\sqrt[n]{a}$). 또한, n이 홀수일 때는 a의 n제곱근은 하나이므로 이 값을 $\sqrt[n]{a}$로 나타냅니다. **n이 짝수일 때는 a가 0 이상이 아니면 교점이 없으므로(거듭제곱이 존재하지 않으므로)** 주의하세요.

여기까지 거듭제곱근에 관해 배운 내용을 정리합시다.

거듭제곱근의 정의

n이 짝수일 때

$$x^n = a \quad \Leftrightarrow \quad x = \pm\sqrt[n]{a} \quad (a \geq 0)$$

n이 홀수일 때

$$x^n = a \quad \Leftrightarrow \quad x = \sqrt[n]{a}$$

Note≡　이 정의에 따르면 $n = 2$일 때

$$x^2 = a \quad \Leftrightarrow \quad x = \pm\sqrt[2]{a} \quad (a \geq 0)$$

이지만, $\sqrt[2]{a}$의 2는 생략해서 $\sqrt{a}$로 씁니다.

a^x의 확장 1: x가 유리수(분수)일 경우

앞에서 배운 거듭제곱근의 정의에 따르면 $x = \sqrt[n]{a}$는 방정식 $x^n = a$의 해이므로 x에 대입해봅시다. 그러면

$$(\sqrt[n]{a})^n = a \quad \cdots ①$$

이죠. 여기서 $\sqrt[n]{a}$는 a의 몇 제곱이 되는지를 조사하기 위해

$$\sqrt[n]{a} = a^k \quad \cdots ②$$

라 둡시다. ②를 ①에 대입하면 다음과 같이 됩니다.

$$(a^k)^n = a$$
$$\Leftrightarrow \quad a^{k \times n} = a^1$$

그다음 지수끼리 비교해서 k를 구합니다.

$$k \times n = 1$$

$$\therefore \quad k = \frac{1}{n}$$

이것을 ②에 대입하면 다음과 같이 구할 수 있습니다.

$$\sqrt[n]{a} = a^{\frac{1}{n}}$$

이 식을 지수가 유리수(분수)일 때의 정의라 합니다!

요점 정리 **지수가 유리수(분수)일 때의 거듭제곱근**

$$a^{\frac{1}{n}} = \sqrt[n]{a}$$

---

a^x의 확장 2: x가 무리수일 경우

여기까지 잘 따라왔나요? 이제 무리수만 남았습니다. 그렇지만 무리수로 확장하는 것은 조금 복잡합니다(고등학교 수학을 벗어납니다).

예를 들어 2^π(2의 π제곱)이라는 수를 생각해봅시다.

$$\pi = 3.141592653\cdots$$

는 분수로 나타낼 수 없으므로 무리수이고 이 수와 가까운 유리수는 많이 있습니다. 이 점을 이용하여 지수를 조금씩 π에 가깝게 해봅시다.

$$2^3 = 8 \qquad \boxed{a^{\frac{1}{n}} = \sqrt[n]{a}}$$

$$2^{3.1} = 2^{\frac{31}{10}} = \left(2^{\frac{1}{10}}\right)^{31} = \left(\sqrt[10]{2}\right)^{31} = 8.5741877\cdots$$

$$2^{3.14} = 2^{\frac{314}{100}} = \left(2^{\frac{1}{100}}\right)^{314} = \left(\sqrt[100]{2}\right)^{314} = 8.8152409\cdots$$

$$2^{3.141} = 2^{\frac{3141}{1000}} = \left(2^{\frac{1}{1000}}\right)^{3141} = \left(\sqrt[1000]{2}\right)^{3141} = 8.8213533\cdots$$

$$2^{3.1415} = 2^{\frac{31415}{10000}} = \left(2^{\frac{1}{10000}}\right)^{31415} = \left(\sqrt[10000]{2}\right)^{31415} = 8.8244110\cdots$$

$$2^{3.14159} = 2^{\frac{314159}{100000}} = \left(2^{\frac{1}{100000}}\right)^{314159} = \left(\sqrt[100000]{2}\right)^{314159} = 8.8249615\cdots$$

Note≡ 바로 앞 계산은 구글 또는 기타 사이트에서 지원하는 계산기에 $2^{3.14}$를 입력하면 바로 확인할 수 있습니다

이렇게 2^x의 x가 π에 한없이 가까워지면 2^x은 어떤 값에 한없이 가까워집니다. '어떤 값'은 '확실한 목표점'을 의미하므로 앞에서 배웠던 극한(42쪽)이 다시 나옵니다.

실제로 앞의 계산을 계속하면

$$\lim_{x \to \pi} 2^x = 8.8249778\cdots$$

이 됨을 알 수 있습니다. 따라서

$$2^{\pi} = 8.8249778\cdots$$

로 정의하기로 합니다.

> **요점 정리** $\lim\limits_{x \to r} a^x = p$ 일 때
>
> $$a^r = p \quad (r \text{은 무리수})$$

Note≡ 마지막 무리수로의 확장은 약간 모호하게 결론지었다고 느낄지도 모릅니다. 엄밀한 논의는 대학교 수학 과정에서 배울 내용이므로 여기서는 깊게 들어가지 않겠습니다.

어쨌든 이렇게 해서 2^x의 x에 모든 실수를 사용할 수 있게 됐으니, 드디어 a^x은 함수가 되었습니다!

지수함수의 정의와 그래프

이렇게 해서 다음과 같이 **지수함수**를 정의합니다.

$$y = a^x \quad (\text{단}, a > 0 \text{이면서 } a \neq 1)$$

이 정의에서 $a > 0$인 이유는 예를 들어 $x = \dfrac{1}{2}$일 때 a가 음수면

$$y = (-2)^{\frac{1}{2}} = \sqrt{-2}$$

로 y가 허수(제곱해서 음수가 되는 수)가 되므로 이를 막기 위해서입니다.

또한, $a \neq 1$인 이유는 $a = 1$일 때는

$$y = 1^x = 1$$

이므로 항상 $y = 1$이 되어서 의미가 없기 때문입니다.

154

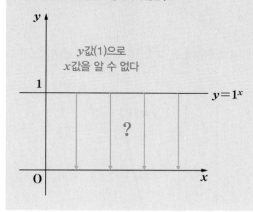

Note≡ 　조금 더 자세히 이야기하면 $a \neq 1$인 이유는 x와 y 사이에 '일대일 대응'이 무너지는 것을 피하기 위해서입니다. 실제로 $y = 1^x$일 때(만)는 x값에 상관없이 y는 항상 1이므로 y값으로 x값을 구할 수가 없습니다.

그러면 왜 일대일 대응이 무너지는 것을 피해야 할까요? '일대일 대응'이 무너지면 역함수(출력 y로 입력 x가 정해지는 함수, 173쪽 참조)를 정의할 수 없기 때문입니다.

❤ 그림 15-7 역함수가 정의되지 않는 $y = 1^x$

참고로 a^x의 a는 **밑**이라고 합니다.

요점 정리	지수함수

$$y = a^x$$

(단, $a > 0$이면서 $a \neq 1$)

자, 드디어 지수함수 그래프를 그립니다. 앞에서도 함수를 이해한다는 것은 곧 그래프를 이해한다는 것이라고 했었죠? $y = 2^x$ 그래프의 형태를 조사하기 위해 x에 값을 몇 개 대입해서 표로 만듭시다.

✔ 표 15-3 x에 값을 몇 개 대입하여 구한 $y = 2^x$의 값

$$a^0 = 1, \quad a^{-n} = \frac{1}{a^n}$$

x	-2	-1	0	1	2	3
y	$2^{-2} = \dfrac{1}{4}$	$2^{-1} = \dfrac{1}{2}$	$2^0 = 1$	$2^1 = 2$	$2^2 = 4$	$2^3 = 8$

$\times 2$ $\times 2$ $\times 2$ $\times 2$ $\times 2$

이 값을 그래프에 표시해서 부드럽게 연결하면 그림 15-8을 그릴 수 있습니다.

✔ 그림 15-8 $y = 2^x$의 그래프

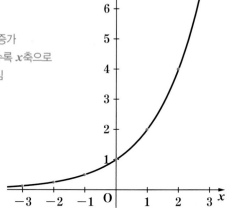

특징
- $y > 0$
- 오른쪽 위로 증가
- 왼쪽으로 갈수록 x축으로
  점점 가까워짐

이번에는

$$y = \left(\frac{1}{2} \right)^x$$

의 그래프를 생각해봅시다.

$$y = \left(\frac{1}{2}\right)^x = \frac{1}{2^x} = 2^{-x}$$

임에 주의하여 또다시 표를 만듭니다.

▼ 표 15-4 x에 값을 몇 개 대입하여 구한 $y = 2^{-x}$의 값

x	-2	-1	0	1	2	3
y	$2^{-(-2)} = 4$	$2^{-(-1)} = 2$	$2^0 = 1$	$2^{-1} = \dfrac{1}{2}$	$2^{-2} = \dfrac{1}{4}$	$2^{-3} = \dfrac{1}{8}$

$\div 2 \qquad \div 2 \qquad \div 2 \qquad \div 2 \qquad \div 2$

$y = 2^x$일 때의 표와 비교하면 **y값이 정확히 역순**입니다. 따라서 그래프는 그림 15-9와 같습니다.

▼ 그림 15-9 $y = 2^{-x}$의 그래프

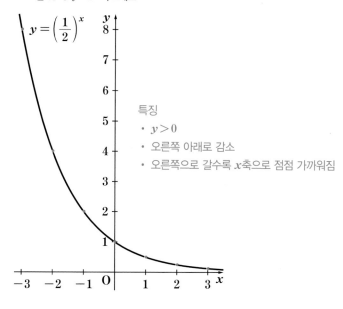

특징
- $y > 0$
- 오른쪽 아래로 감소
- 오른쪽으로 갈수록 x축으로 점점 가까워짐

일반적으로 $y = a^x$의 그래프는 $a > 1$인지 $0 < a < 1$인지에 따라 크게 다릅니다.

▼ 그림 15-10 a값에 따른 $y = a^x$ 그래프의 변화

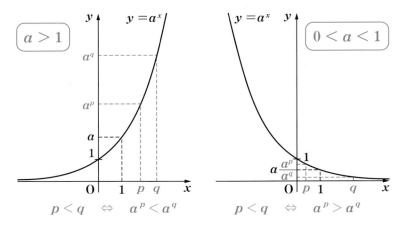

$$p < q \iff a^p < a^q \qquad p < q \iff a^p > a^q$$

주의해야 할 점은 $0 < a < 1$일 때 그래프가 오른쪽 아래로 감소하므로 x가 커지면 커질수록 y값, 즉 a^x값은 작아진다는 점입니다.

즉, 다음과 같이 **지수의 대소와 함수의 대소가 서로 반대**가 됩니다.

$$0 < a < 1 \text{일 때,}$$

$$p < q \iff a^p > a^q$$

여기까지 배웠으니 절 시작에 나왔던 문제는 어렵지 않을 것입니다.

문제는 142쪽

 주어진 부등식은 다음과 같습니다.

$$\left(\frac{1}{8}\right)^{x-1} > \left(\frac{1}{4}\right)^{3x}$$

우선 **밑을 통일합니다.** 이번에는 양변 모두 밑을 $\frac{1}{2}$로 만듭니다.

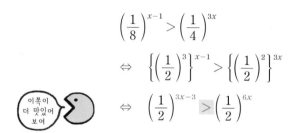

$$\left(\frac{1}{8}\right)^{x-1} > \left(\frac{1}{4}\right)^{3x}$$

$$\Leftrightarrow \quad \left\{\left(\frac{1}{2}\right)^3\right\}^{x-1} > \left\{\left(\frac{1}{2}\right)^2\right\}^{3x}$$

이쪽이 더 맛있어 보여

$$\Leftrightarrow \quad \left(\frac{1}{2}\right)^{3x-3} > \left(\frac{1}{2}\right)^{6x}$$

자, 여기서 주의해야 할 필요가 있습니다.

밑이 0과 1 사이에 있으므로 지수의 대소와 함수의 대소가 반대가 됩니다. 이 점을 고려해 부등식을 풀면 다음과 같이 구할 수 있습니다.

여기가 맛있어 보인다

$$3x - 3 < 6x$$

$$\Leftrightarrow \quad -3 < 6x - 3x$$

$$\Leftrightarrow \quad -3 < 3x$$

좌변과 우변을 바꿈

$$\Leftrightarrow \quad 3x > -3$$

$$\Leftrightarrow \quad x > -1$$

a^x을 함수로 '확장'시키기까지 참 길었죠. 하지만 그만큼 함수에서는 입력값(독립변수)을 자유롭게 선택할 수 있다는 것이 중요합니다.

16

한 번에 복습하기 3:
로그와 로그함수

자연수는 신의 선물, 나머지는 모두 인간의 작품이다

라고 19세기 수학자 크로네커는 말했습니다. 실제로 물건을 세는 데 필요한 1, 2, 3, …과 같은 자연수(양의 정수) 개념은 원숭이나 돌고래, 비둘기에게도 있다고 최근에 연구 결과가 나왔습니다.

필요에 따라 음의 정수, 0, 분수 등의 '수'를 탄생시킨 인류는

$$x^2 = 2$$

라는 방정식의 해를 표시하기 위해 $\sqrt{}$ (제곱근)을,

$$x^2 = -1$$

이라는 방정식의 해를 표시하기 위해 허수를 발명(정의)했습니다.

이 절에서는

$$2^x = 3$$

이라는 방정식의 해를 표시하기 위해 생각해 낸 새로운 수인 **로그**를 공부합니다.

 다음 수의 대소를 부등호를 사용해서 나타내세요.

$$\log_2 3, \quad \log_2 \frac{1}{3}, \quad \log_3 2, \quad \log_3 \frac{1}{2}$$

로그

로그(logarithm)란

$$a^x = p$$

형태인 방정식의 해를 표시하기 위해 생각해 낸 **새로운 수**입니다.

예를 들어

$$2^x = 8$$

일 때는 $x = 3$임을 바로 알 수 있고

$$2^x = \sqrt{2}$$

일 때도 앞 절에서 배운 지수의 확장을 이용하면 $x = \dfrac{1}{2}$임을 알 수 있으므로 x를 구하기 위해 새로운 수가 필요하지는 않습니다.

하지만

$$2^x = 3$$

일 때는 x를 정수나 분수, $\sqrt[n]{}$를 사용해 나타낼 수 없습니다. 따라서 이 x를

$$x = \log_2 3$$

으로 표시하기로 약속했습니다.

이때 log란 '로그'를 나타내는 영어 logarithm(로가리듬)의 약자입니다.

logarithm은 그리스어로 '비율'을 의미하는 logos와 '수'를 의미하는 arithmós를 합쳐서 만든 단어입니다.

$a^x = p$를 만족하는 x값을

$$x = \log_a p$$

로 표시합니다. 이때 a를 밑, p를 진수라 합니다. (단, $a > 0$이고 $a \neq 1$이며 $p > 0$)

Note≡   '$a > 0$이고 $a \neq 1$이며 $p > 0$'가 들어가는 이유는 앞 절 지수함수에서

$$y = a^x$$

일 때 '$a > 0$이고 $a \neq 1$이며 $y > 0$'였던 이유와 같습니다.

정의에서 명백하게 알 수 있는 로그의 성질을 정리합니다.

요점 정리   **로그의 성질**

$$(\text{i}) \ \log_a a = 1$$
$$(\text{ii}) \ \log_a 1 = 0$$

(단, $a > 0$이고 $a \neq 1$)

이 성질은

$$a^x = p \quad \Leftrightarrow \quad x = \log_a p$$

임을 이용하면 바로 확인할 수 있습니다.

(ⅰ) 정의에 따르면

$$a^1 = a \quad \Leftrightarrow \quad 1 = \log_a a$$

(ⅱ) 정의에 따르면

$$a^0 = 1 \quad \Leftrightarrow \quad 0 = \log_a 1$$

또한 로그는 다음 그림 16−1과 같이 그림으로 기억해 두면 계산할 때 편리합니다!

▼ 그림 16−1 로그 방정식과 지수 방정식의 관계

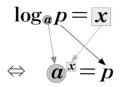

또한, 로그에는 지수 법칙에서 유도되는 다음과 같은 법칙이 있습니다.

요점 정리 | 로그 법칙

(ⅰ) $\log_a MN = \log_a M + \log_a N$

(ⅱ) $\log_a \dfrac{M}{N} = \log_a M - \log_a N$

(ⅲ) $\log_a M^r = r\log_a M$

(단, a는 1이 아닌 양의 실수, M, N은 양의 실수)

앞의 세 법칙을 증명해봅시다.

$$\begin{cases} \log_a M = m \\ \log_a N = n \end{cases} \quad \cdots \text{①}$$

이라 하면 정의에 따라 다음과 같이 쓸 수 있습니다.

$$\begin{cases} a^m = M \\ a^n = N \end{cases} \quad \cdots ②$$

(i) 증명

$$\log_a MN = s \quad \cdots ③$$

라 하면 정의에 따라 다음과 같이 증명할 수 있습니다.

$$a^s = MN$$
$$= a^m \times a^n$$
②에서
$$= a^{m+n}$$
$$\therefore \quad s = m + n$$
$$\log_a MN = \log_a M + \log_a N$$
①과 ③에서

(ii) 증명

$$\log_a \frac{M}{N} = t \quad \cdots ④$$

라 하면 정의에 따라 다음과 같이 증명할 수 있습니다.

$$a^t = \frac{M}{N}$$
$$= \frac{a^m}{a^n}$$
②에서
$$= a^{m-n}$$
$$\therefore \quad t = m - n$$
$$\log_a \frac{M}{N} = \log_a M - \log_a N$$
①과 ④에서

(iii) 증명

$$\log_a M^r = u \quad \cdots \text{⑤}$$

라 하면 정의에 따라 다음과 같이 증명할 수 있습니다.

$$
\begin{aligned}
a^u &= M^r \quad \text{②에서} \\
&= (a^m)^r \\
&= a^{mr} \\
\therefore \quad u &= mr \\
&= rm \quad \text{①과 ⑤에서} \\
\log_a M^r &= r\log_a M
\end{aligned}
$$

로그는 천문학자의 수명을 연장했다?

로그를 발명한 사람은 스코틀랜드의 **존 네이피어(1550-1617)**입니다. 이때는 독일의 케플러가 행성의 궤도를 조사하고 이탈리아의 갈릴레오가 별을 망원경으로 살피던 시대였습니다. 천문학 연구가 왕성했으므로 문자 그대로 천문학적인 숫자 계산이 필요했습니다. 이때 **로그 개념을 사용하면 곱하기를 덧셈으로 변환할 수 있어서** 계산이 매우 편해집니다. 라플라스는 **로그의 발명이 천문학자의 수명을 두 배로 늘렸다**라고 말했는데, 그 정도로 획기적이었습니다.

예를 들어

$$x = 123 \times 456$$

을 로그를 사용해서 계산해봅시다.

먼저

$$123 = 10^{p}$$

$$456 = 10^{q}$$

라고 하면 로그의 정의에 따라 다음과 같이 식을 변형할 수 있습니다.

$$p = \log_{10} 123$$

$$q = \log_{10} 456$$

여기서

$$
\begin{aligned}
\log_{10} 123 &= \log_{10} 100 \times 1.23 \\
&= \log_{10} 100 + \log_{10} 1.23 \\
&= \log_{10} 10^{\textcircled{2}} + \log_{10} 1.23 \\
&= 2 \log_{10} 10 + \log_{10} 1.23 \\
&= 2 + \log_{10} 1.23
\end{aligned}
$$

$$\boxed{\log_a MN = \log_a M + \log_a N}$$

$$\boxed{\log_a M^r = r \log_a M}$$

$$\boxed{\log_a a = 1}$$

마찬가지로 계산하면

$$\log_{10} 456 = 2 + \log_{10} 4.56$$

을 얻을 수 있습니다.

로그표(327쪽)에서 $\log_{10} 1.23$과 $\log_{10} 4.56$ 값을 찾아보면

$$\log_{10} 1.23 \fallingdotseq 0.0899$$

$$\log_{10} 4.56 \fallingdotseq 0.6590$$

이므로

$$p = 2 + \log_{10} 1.23 \fallingdotseq 2.0899$$

$$q = 2 + \log_{10} 4.56 \fallingdotseq 2.6590$$

입니다.

$$x = 123 \times 456$$
$$= 10^{p} \times 10^{q}$$
$$= 10^{p+q}$$
$$\fallingdotseq 10^{2.0899 + 2.6590}$$
$$= 10^{4.7489}$$

여기서 곱셈 → 덧셈이
되는 것이 포인트입니다!

정의에 따라 다음과 같이 쓸 수 있습니다.

$$4.7489 \fallingdotseq \log_{10} x$$

이번에는 **로그표**를 반대로 읽어서 x를 구하면

$$x \fallingdotseq 56100$$

으로 구할 수 있습니다.

Note≡ 로그표(327쪽)에서 0.7489에 가까운 값을 찾으면 $\log_{10} 5.61 \fallingdotseq 0.7490$임을 알
수 있습니다. 이에 따라 다음과 같이 계산할 수 있습니다.

$$\log_{10} x \fallingdotseq 4.7489 \fallingdotseq 0.7490 + 4$$
$$\fallingdotseq \log_{10} 5.61 + \log_{10} 10^{4} = \log_{10} 5.61 \times 10^{4} = \log_{10} 56100$$
$$\therefore \quad x \fallingdotseq 56100$$

참고로 참값은

$$x = 123 \times 456$$
$$= 56088$$

$$\frac{56100}{56088} = 1.000214\cdots$$
오차는 약 0.02%!

이지만, 이 정도의 오차는 실제로 사용하는 데 문제가 되지 않습니다.

여기까지 읽은 분들은 두 가지를 지적할지도 모르겠습니다.

첫 번째는

뭐~야! 하나도 안 편하잖아

나머지는

로그표라니?

일 것입니다. 이 점에 대해 지금부터 해명하겠습니다.

첫 번째 지적은 우리가 계산기를 사용하는 데 익숙해져 있기 때문인데, 로그를 사용한 계산이 애용되던 시기에는 계산기가 없었습니다. 또한, 앞에서 예로 든 계산은 편의상 3자리 × 3자리로 했지만 **훨씬 큰 자릿수끼리 곱셈을 해도 계산하는 수고는 거의 같다**는 점에 주목해주세요.

두 번째 지적의 '로그표'는 고등학교 교과서 끝에 붙어 있던 것입니다. 이 책의 앞 면지에도 붙여 놓았으니 참고해주세요.

로그의 창시자인 네이피어가 작성한 로그표는 밑이 10이 아니라 사용하기 어려웠는데, 그가 죽은 후에 이탈리아의 수학자 **헨리 브릭스**가 밑이 10일 때의 로그표(**상용로그표**라 부릅니다)를 완성했습니다. 네이피어와 브릭스가 막대한 계산을 애써서 표로 정리해 준 덕분에 후대의 수학자나 천문학자들에게 **로그표는 매우 고마운 계산기 대용품**이 되었습니다.

밑 변환 공식

'로그를 계산할 때의 요령을 하나만 알려주세요'라고 물어본다면 망설이지 않고

　'밑을 맞추세요'

라고 답할 것입니다. 밑만 맞추면 앞에서 배운 로그 법칙을 이용해서 계산할 수 있기 때문입니다. 다음 '밑 변환 공식'은 밑을 맞출 때 사용하는 중요한 공식입니다.

요점 정리　**밑 변환 공식**

$$\log_a b = \frac{\log_c b}{\log_c a}$$

(단, a, b, c는 양의 실수이고 $a \neq 1$, $c \neq 1$)

이 공식도 증명해봅시다.

$$\log_a b = k \cdots ①, \quad \log_c a = l \cdots ②, \quad \log_c b = m \cdots ③$$

이라 하면 정의에 따라 다음처럼 변형할 수 있습니다.

$$a^k = b \cdots ④, \quad c^l = a \cdots ⑤, \quad c^m = b \cdots ⑥$$

식 ④에 식 ⑤와 ⑥을 대입하면

$$(c^l)^k = c^m$$
$$\Leftrightarrow \quad c^{l \times k} = c^m$$
$$\therefore \quad l \times k = m$$
$$k = \frac{m}{l}$$

입니다. 식 ①~③에 따라 다음과 같이 정리할 수 있습니다.

$$\log_a b = \frac{\log_c b}{\log_c a}$$

로그함수의 정의로 그래프를 그리자

로그의 정의에 따르면

$$y = a^x \quad \Leftrightarrow \quad x = \log_a y$$

이므로 $y = a^x$과 $x = \log_a y$는 동치이고 수식도 같은 내용을 나타냅니다. 표현 방법은 다르지만 두 식의 그래프는 같습니다.

단, $x = \log_a y$는 y에서 x를 구한다는 것을 가리킵니다. 즉, 이 식은 입력값이 y 이고 출력값이 x라는 의미입니다.

▼ 그림 16-2 $x = \log_a y$의 그래프

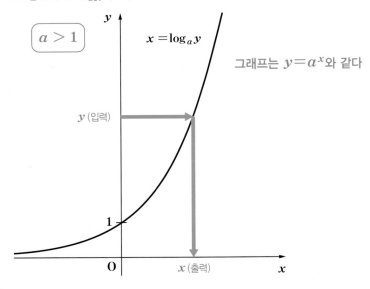

하지만 역시 입력값이 x이고 출력값이 y인 것이 더 와닿죠? 그러니 **x와 y를 교환합시다.**

그러면 그래프는 그림 16-3과 같이 바뀝니다.

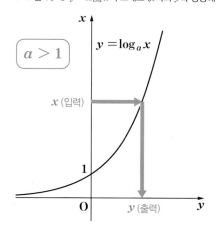

x축과 y축이 평소와 같은 방향이 되도록 **바꾸면**

♥ 그림 16-4 $y=\log_a x$의 그래프

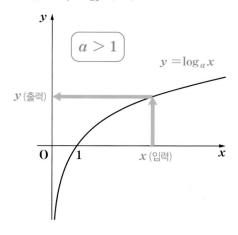

같은 작업을 $0<a<1$일 경우에도 수행한 뒤, 모두 합쳐서 그리면 로그함수 그래프는 그림 16-5와 같이 정리할 수 있습니다.

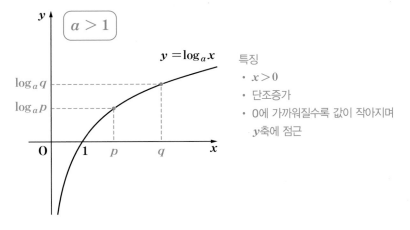

특징
- $x > 0$
- 단조증가
- 0에 가까워질수록 값이 작아지며 y축에 점근

$$p < q \quad \Leftrightarrow \quad \log_a p < \log_a q$$

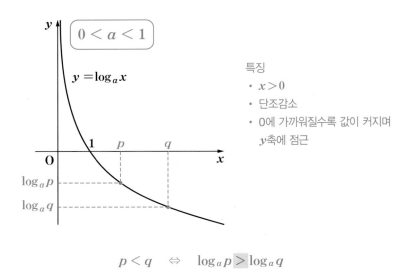

특징
- $x > 0$
- 단조감소
- 0에 가까워질수록 값이 커지며 y축에 점근

$$p < q \quad \Leftrightarrow \quad \log_a p > \log_a q$$

여기서도 지수함수일 때와 마찬가지로 $0 < a < 1$인 경우에는 **진수(x)의 대소와 로그(y)의 대소가 서로 반대가 되니** 주의하세요. 즉,

$$0 < a < 1\text{일 때,}$$

$$p < q \quad \Leftrightarrow \quad \log_a p > \log_a q$$

역함수

지수함수에 대해

① x에 대해 푼다.

② x와 y를 교환한다.

를 따르면 로그함수를 얻을 수 있습니다. 이런 관계에 있는 함수를 **역함수**라 합니다. 역함수는 항상 존재하는 것은 아니지만, 역함수가 존재한다면 출력값(결과)에서 입력값(원인)을 특정할 수 있습니다.

또한, 하나의 함수와 그 역함수의 그래프는 **$y = x$를 기준으로 대칭**이 됩니다.

▼ 그림 16-6 함수와 그 역함수는 $y = x$에 대해 대칭

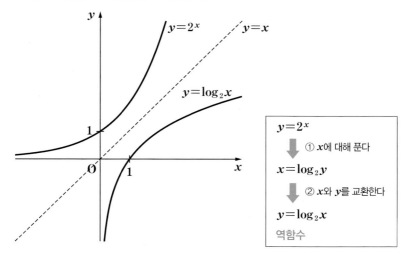

해답
$$\underbrace{\log_2 3,}_{①} \quad \underbrace{\log_2 \frac{1}{3},}_{②} \quad \underbrace{\log_3 2,}_{③} \quad \underbrace{\log_3 \frac{1}{2}}_{④}$$

의 대소를 구하는 문제였습니다.

우선 밑이 두 종류이므로 모두 2로 맞춥시다(3으로 맞춰도 됩니다). 또한, 두 번째 로그를 $\log_2 3$ 형태로 나타낼 수 있다는 것에 주의하여 각각 변형합니다.

② $$\log_2 \frac{1}{3} = \log_2 3^{-1}$$
$$= -\log_2 3 \qquad \boxed{\log_a M^r = r\log_a M}$$

③ $$\log_3 2 = \frac{\log_2 2}{\log_2 3} \qquad \boxed{\log_a b = \frac{\log_c b}{\log_c a}}$$
$$= \frac{1}{\log_2 3} \qquad \boxed{\log_a a = 1}$$

④ $$\log_3 \frac{1}{2} = \frac{\log_2 \frac{1}{2}}{\log_2 3}$$
$$= \frac{\log_2 2^{-1}}{\log_2 3}$$
$$= \frac{-\log_2 2}{\log_2 3}$$
$$= -\frac{1}{\log_2 3}$$

여기서 $2 < 3$이니 대소 관계는 다음과 같습니다.

$$\log_2 2 < \log_2 3$$
$$\therefore \quad 1 < \log_2 3$$

$\log_2 2 = 1$

따라서

$$0 < \frac{1}{\log_2 3} < 1 < \log_2 3$$

$1 < p$ 이면
$$0 < \frac{1}{p} < 1 < p$$

이므로 수직선을 사용하여 그림 16-7과 같이 표시할 수 있습니다.

❤ 그림 16-7 수직선에 각 값을 표시

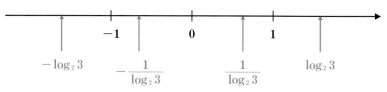

따라서

$$-\log_2 3 < -\frac{1}{\log_2 3} < \frac{1}{\log_2 3} < \log_2 3$$

이므로 주어진 식의 대소 관계는 다음과 같습니다.

$$\log_2 \frac{1}{3} < \log_3 \frac{1}{2} < \log_3 2 < \log_2 3$$

앞 절과 이번 절에서 지수함수와 로그함수를 배웠으니 다음 절에서는 드디어
이 함수들을 미분합니다!

지수함수와 로그함수는 서로 역함수 관계입니다. 그래서 둘을
함께 공부하고 이해하면 더 효율적이지요.

17

로그함수와 지수함수를
미분하자!

앞에서 로그함수와 지수함수를 배웠으니 이 절에서는 드디어 두 함수를 미분합니다. 이때 열쇠가 되는 것은 **네이피어 수(자연로그의 밑)**라 불리는 수학 상수 '*e*'입니다. 이 *e*는 원주율 π와 나란히 신이 내린 것이라고밖에 생각할 수 없는 신비함과 매력이 있습니다.

 다음 함수를 미분하세요.

$$y = (\log x)^x$$

언뜻 보기에는 쉬운 함수지만 이 함수를 미분하려면

- 곱의 미분(107쪽)
- 합성함수의 미분(104쪽)
- 로그 미분(이번 절)
- 로그 미분법(이번 절)

등이 필요하기 때문에 쉽지는 않습니다.

단, 미리 말해두자면 **이 책에서는 이 함수보다 어려운 미분은 나오지 않습니다.** 그런 의미로 이 문제는 미분에서 (이 책 안에서) 정점인 셈이지요!

자연로그의 밑 e(네이피어 수)는 무리수

지수함수 $y=a^x$의 그래프를 앞 절에서 배웠습니다. 여기서는 $y=2^x$과 $y=3^x$ 그래프를 겹쳐서 그려봅시다.

▼ 그림 17-1 $y=2^x$과 $y=3^x$의 그래프

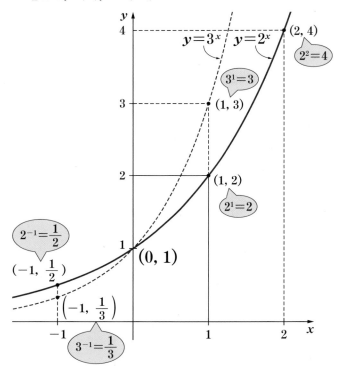

당연한 얘기지만 이렇게 보니 $y=3^x$이 $y=2^x$보다 경사가 가파릅니다. $(0, 1)$에서 접선의 기울기를 비교해보면

$y=3^x$의 $(0, 1)$에서 접선의 기울기: 약 1.10

$y=2^x$의 $(0, 1)$에서 접선의 기울기: 약 0.69

> 이 값을 구하는 방법은 나중에 알 수 있습니다.

가 됩니다.

우연이지만 $y=3^x$은 $(0, 1)$에서 접선의 기울기가 1보다 조금 크고, $y=2^x$은 같은 점에서 접선의 기울기가 1보다 조금 작습니다. 이 두 값은 모두 1에서 살짝 벗어났는데, $(0, 1)$에서 접선의 기울기가 딱 1이 되는 지수함수를 알고 싶지 않나요? (알고 싶지 않다고 생각해도 부디 함께해주세요)

이제 $(0, 1)$에서 접선의 기울기가 1이 되는 지수함수를

$$y = e^x$$

라 합시다 (실은 이 e가 수학에서 가장 중요한 상수 중 하나인 '자연로그의 밑 e'입니다!

▼ 그림 17-2 지수함수 $y=e^x$의 $(0, 1)$에서 접선의 기울기는 1

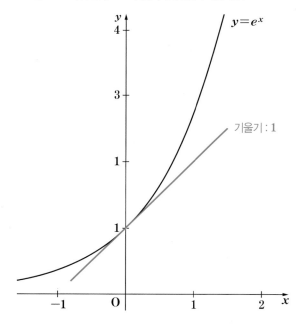

Note≡ $y=e^x$은 $y=2^x$과 $y=3^x$ 사이에 있으므로 e는 소수로 나타내면 '2. …'처럼 2와 3 사이의 수라고 예상할 수 있습니다.

$y = f(x)$의 $x = a$에서 접선의 기울기는 $f'(a)$였습니다(61쪽). 따라서 일단

$$f(x) = e^x \quad \cdots ①$$

이라 합시다. 지금은 $x = 0$에서 접선의 기울기를 계산할 것이므로 미분계수의 정의(61쪽)를 이용해 $f'(0)$을 구합니다.

$$\boxed{f'(a) = \lim_{h \to 0} \frac{f(a+h) - f(a)}{h}} \quad f'(0) = \lim_{h \to 0} \frac{f(0+h) - f(0)}{h}$$

$$= \lim_{h \to 0} \frac{f(h) - f(0)}{h}$$

$$= \lim_{h \to 0} \frac{e^h - e^0}{h} \quad \boxed{①에서}$$

$$= \lim_{h \to 0} \frac{e^h - 1}{h} \quad \boxed{a^0 = 1}$$

$(0,\ 1)$에서 접선의 기울기가 1이라는 말은

$$f'(0) = 1$$

이므로

$$\lim_{h \to 0} \frac{e^h - 1}{h} = 1$$

이라는 말이 됩니다! 위 식은 **e를 정의하는 수식 중 하나**로 매우 중요합니다. 따라서 이 결과를 통째로 외우는 것이 아니라 $(0,\ 1)$에서 접선의 기울기가 1이 되는 그래프와 함께 식을 유도하는 과정을 맛보면 좋겠습니다.

사실 이 'e'는 매우 신기한 수로

$$e = 2.71828182845\cdots$$

입니다. e는 '네이피어 수'라 불리며 자연과학의 모든 방면에서 나타나는 매우

중요한 수학 상수입니다(역시나 '2.…'였네요!).

여담이지만 예전 실리콘밸리의 고속도로 주변에 무기명으로

$$\left\{\begin{array}{l}\text{first } 10-\text{digit prime found}\\ \text{in consecutive digits of e}\end{array}\right\}.\text{com}$$

이라 쓰인 거대한 간판이 섰던 적이 있습니다. 사실 이 간판은 Google의 구인광고였는데 간판 어디에도 'Google'이 써 있지 않았다고 합니다. 위 영문을 직역하면

{e의 연속하는 자릿수에서 처음에 나오는 10자리 소수}.com

이라는 의미로 e값의 소수 100번째 정도에 나타나는 '7427466391'을 가리킵니다. 당시에는 '7427466391.com'에 접속하면 문제가 나타나서 그 문제의 정답을 제출하고 나서야 Google에 이력서를 보낼 수 있도록 되어 있었다네요. 역시 Google입니다. 구인광고 하나도 꽤나 즐겁게 만듭니다.

다시 본문으로 돌아갑시다. e를 밑으로 하는 로그를 '자연로그'라 하며, 고등학교에서는 보통 e를 **자연로그의 밑**이라 합니다.

요점 정리 **자연로그의 밑(네이피어 수)의 정의 1**

다음 극한을 만족하는 상수 e를 네이피어 수(자연로그의 밑)라 합니다.

$$\lim_{h \to 0}\frac{e^h-1}{h}=1$$

Note ≡ '정의 1'인 이유는 다음에 e의 다른 정의를 소개하기 때문입니다.

e^x의 미분

정의 중 하나를 유도했으니 e의 놀라운 성질을 소개합니다. 여기서는 e를 밑으로 하는 지수함수

$$f(x) = e^x$$

의 도함수를 구해보겠습니다. 도함수란 '미분계수를 접점 x의 함수로 본 것'이었습니다. 도함수의 정의(88쪽)에 따라 다음과 같이 구할 수 있습니다.

$$
\begin{aligned}
f'(x) &= \lim_{h \to 0} \frac{f(x+h) - f(x)}{h} \\
&= \lim_{h \to 0} \frac{e^{x+h} - e^x}{h} \\
&= \lim_{h \to 0} \frac{e^x(e^h - 1)}{h} \\
&= \lim_{h \to 0} \left\{ e^x \cdot \frac{e^h - 1}{h} \right\} \\
&= e^x
\end{aligned}
$$

> e^x로 묶는다

> $\lim\limits_{h \to 0} \dfrac{e^h - 1}{h} = 1$

어! 어쩐 일인지 e^x의 도함수를 구했더니(e^x을 미분했더니) e^x이 됐습니다.

$$(e^x)' = e^x$$

미분하기 전과 미분해서 구한 도함수의 형태가 같다니 참 신기하네요. e^x이 자연과학 여기저기에서 쓰이는 이유는 e^x의 이런 특성과 관계가 있습니다.

신기한 상수 e의 또 다른 정의

이제 로그함수를 미분하기 위한 준비로 다음과 같은 극한을 생각해봅시다.

$$\lim_{h \to 0} \frac{\log_e(1+h)}{h} \quad \cdots ②$$

또한, 밑이 e인 자연로그는 (너무 자주 등장하기 때문에) 보통 밑 e를 생략하고 씁니다. 이 책에서도 이후부터는

$$\log_e a \to \log a$$

로 생략하고 적겠습니다.

이제

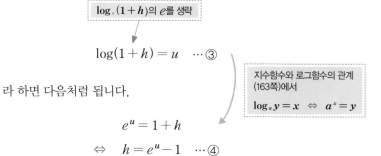

$$\log(1+h) = u \quad \cdots ③$$

라 하면 다음처럼 됩니다.

$$e^u = 1 + h$$
$$\Leftrightarrow \quad h = e^u - 1 \quad \cdots ④$$

또한, $h \to 0$일 때 식 ③에 따라

$$u \to \log 1 = 0 \qquad \boxed{\log_a 1 = 0}$$

이므로

$$h \to 0 \quad \Leftrightarrow \quad u \to 0 \quad \cdots ⑤$$

입니다.

식 ③~⑤를 식 ②에 대입하면 다음과 같이 구할 수 있습니다.

$$\lim_{h \to 0} \frac{\log(1+h)}{h} = \lim_{u \to 0} \frac{u}{e^u - 1}$$

$$= \lim_{u \to 0} \frac{1}{\dfrac{e^u - 1}{u}}$$

$$\lim_{h \to 0} \frac{e^h - 1}{h} = 1$$

$$\frac{q}{p} = 1 \times \frac{q}{p}$$
$$= 1 \div \frac{p}{q}$$
$$= \frac{1}{\left(\dfrac{p}{q}\right)}$$

$$= \frac{1}{1}$$

$$\therefore \quad \lim_{h \to 0} \frac{\log(1+h)}{h} = 1 \quad \cdots ⑥$$

여기서 로그의 기본 성질(162쪽)에 따르면

$$\frac{\log(1+h)}{h} = \frac{1}{h}\log(1+h)$$

$$= \log(1+h)^{\frac{1}{h}}$$

$$r\log_a M = \log_a M^r$$

이며

$$1 = \log e \qquad \boxed{\log_a a = 1}$$

이므로 식 ⑥은

$$\lim_{h \to 0} \log(1+h)^{\frac{1}{h}} = \log e$$

가 됩니다. 즉,

$$\lim_{h \to 0} (1+h)^{\frac{1}{h}} = e \quad \cdots ⑦$$

입니다.

Note≡ **$\log p = \log q \Leftrightarrow p = q$라 해도 되는 이유**

❤ 그림 17-3 로그함수 $y = \log x$ 위의 두 점 $(p, \log p)$와 $(q, \log q)$

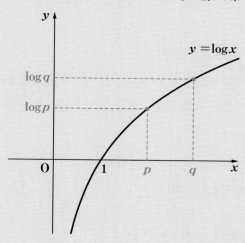

로그함수 $y = \log x$의 그래프(172쪽)를 보면 로그함수는 x와 y가 서로 일대일 대응하는 함수임을 알 수 있습니다. 이 사실은 x와 y 중 한쪽 값이 다르면 다른 쪽 값도 다르다는 말입니다. 반대로 말하면 x와 y 중 한쪽 값이 같다면 다른 쪽 값도 같다는 말입니다.

즉,

$$\log p \neq \log q \quad \Leftrightarrow \quad p \neq q$$
$$\log p = \log q \quad \Leftrightarrow \quad p = q$$

입니다.

참고로 $\Leftrightarrow$는 '동치(의미가 같다)'라는 의미입니다.

식 ⑦에서

$$\frac{1}{h} = x$$

라 하면 $h \to 0$일 때 $x \to \infty$이므로 (1을 한없이 작은 값으로 나누면 몫이 한없이 큰 값이 됩니다)

$$\lim_{x \to \infty}\left(1+\frac{1}{x}\right)^{x}=e$$

로도 쓸 수 있습니다.

사실 이 두 식은 e를 정의하는 다른 방법입니다.

두 방법 모두 앞의 극한은 **한없이 1에 가까운 수(하지만 1은 아닌 수)를 무한 번에 걸쳐 곱한다**라는 의미이므로 분명히 어떤 값에 수렴할 것 같은 기분이 들기는 합니다.

요점 정리 | **자연로그의 밑(네이피어 수)의 정의 2**

$$\lim_{h \to 0}(1+h)^{\frac{1}{h}}=e$$

$$\lim_{x \to \infty}\left(1+\frac{1}{x}\right)^{x}=e$$

Note≡ | 정의 1과 2는 서로 독립된 것이 아니라 (앞에서 보았던 것처럼) 한쪽에서 출발해 다른 쪽을 유도할 수 있는 관계입니다.

로그함수의 미분

여기까지 이해했다면 로그함수의 미분은 그렇게 어렵지 않습니다. 일단 밑이 네이피어 수 e인 로그함수(자연로그함수)

$$f(x)=\log x$$

의 도함수를 구해봅시다. 항상 그랬듯이 정의(88쪽)에서 시작합니다.

$$f'(x) = \lim_{h \to 0} \frac{f(x+h) - f(x)}{h}$$

$$= \lim_{h \to 0} \frac{\log(x+h) - \log x}{h}$$

$$= \lim_{h \to 0} \frac{\log \dfrac{x+h}{x}}{h}$$

따라서

$$f'(x) = \lim_{h \to 0} \frac{\log\left(1 + \dfrac{h}{x}\right)}{h} \quad \cdots ⑧$$

입니다. 여기서

$$\frac{h}{x} = t \quad \cdots ⑨$$

라 하면 다음과 같이 식을 변형할 수 있습니다.

$$h = xt \quad \cdots ⑩$$

또한, $h \to 0$일 때 $t \to 0$이므로 식 ⑧은 앞의 식 ⑨, ⑩ 그리고 ⑥을 이용하여 다음과 같이 변형할 수 있습니다.

$$f'(x) = \lim_{t \to 0} \frac{\log(1+t)}{xt}$$

$$= \lim_{t \to 0} \left\{ \frac{\log(1+t)}{t} \cdot \frac{1}{x} \right\}$$

식 ⑥에서(184쪽)

$$\lim_{h \to 0} \frac{\log(1+h)}{h} = 1$$

$$= 1 \cdot \frac{1}{x}$$

$$\therefore \quad f'(x) = (\log x)' = \frac{1}{x} \quad \cdots ⑪$$

이 다음에 일반적인 로그함수의 도함수도 구하는데, 식 ⑪과 밑 변환 공식(168쪽)을 사용하면 바로 구할 수 있습니다.

밑 변환공식

$$\log_a b = \frac{\log_c b}{\log_c a}$$

$$(\log_a x)' = \left(\frac{\log_e x}{\log_e a} \right)'$$

$\log a$는 상수이므로 $\dfrac{1}{\log a}$ 을 괄호 앞으로 내보낸다

[예] $(3x^2)' = 3(x^2)' = 3 \cdot 2x$

$\log_e a$, $\log_e x$의 e는 생략

$$= \frac{1}{\log a}(\log x)'$$

$$= \frac{1}{\log a} \cdot \frac{1}{x}$$

식 ⑪에서

$$(\log x)' = \frac{1}{x}$$

요점 정리 **로그함수의 미분**

$$(\log x)' = \frac{1}{x}$$

$$(\log_a x)' = \frac{1}{\log a} \cdot \frac{1}{x}$$

로그 미분법 준비하기

이렇게 로그함수를 미분해 봤습니다. 다음은 지수함수 $y = a^x$을 미분하려고 하는데, 지수함수를 미분하려면 **로그 미분법**이 필요합니다. 따라서 지금부터 로그 미분법을 배우기 위한 준비를 합니다. 일단 x의 함수인 y를 진수(170쪽)로 갖는 로그함수

$$z = \log y \quad (\text{단, } y = f(x) \text{이면서 } y > 0)$$

를 x로 미분한다고 가정해봅시다.

합성함수의 미분(104쪽)을 사용해 다음과 같이 식을 변형합니다.

$$z' = \frac{dz}{dx} = \frac{dz}{dy} \cdot \frac{dy}{dx} \quad \boxed{\text{합성함수의 미분}}$$

$$\boxed{\begin{array}{c} z = \log y \\ \text{를 } y \text{로 미분하면} \\ \dfrac{dz}{dy} = \dfrac{1}{y} \end{array}} \qquad = \frac{1}{y} \cdot y'$$

$$= \frac{y'}{y}$$

$$\therefore \quad (\log y)' = \frac{y'}{y} \quad \cdots ⑫$$

Note≡ 'p를 q로 미분한다'는 말은 p를 q의 함수라 생각하고 (다른 문자는 상수로 생각

하고) $\dfrac{dp}{dq}$ 를 구한다는 뜻입니다. 즉, $\displaystyle\lim_{\Delta q \to 0}\dfrac{\Delta p}{\Delta q}$ 를 생각한다는 말입니다. 예를 들어

$$z = x^2 y^3$$

일 때, z를 x로 미분하면

$$\frac{dz}{dx} = (x^2 y^3)' = y^3 (x^2)' = y^3 \cdot 2x = 2xy^3$$

> 이때 y^3은 상수로 취급하므로
> 괄호 밖으로 뺄 수 있다

이지만, z를 y로 미분하면

$$\frac{dz}{dy} = (x^2 y^3)' = x^2 (y^3)' = x^2 \cdot 3y^2 = 3x^2 y^2$$

> 이때 x^2은 상수로 취급하므로
> 괄호 밖으로 뺄 수 있다

이 됩니다.

지수함수의 미분

드디어 지수함수 $y = a^x$을 미분합니다. 정상까지 얼마 남지 않았습니다. 지수함수는 로그함수를 사용해서 미분할 수 있습니다. 구체적으로는 다음과 같은 방법을 사용합니다.

$y = a^x$의 양변에 밑을 e로 하는 로그(자연로그)를 취하면 다음과 같습니다.

$$\begin{aligned}
\log y &= \log a^x \\
&= x \cdot \log a
\end{aligned}$$

> $\log_a M^r = r \log_a M$

따라서

$$\log y = \log a \cdot x \quad \cdots ⑬$$

입니다.

$$p = q \quad \Leftrightarrow \quad \log_a p = \log_a q$$

식 ⑬의 양변을 x로 미분하면

$$(\log y)' = \log a \cdot 1 = \log a$$

> $\log a$는 상수이므로
> $(2x)' = 2 \cdot 1 = 2$
> 와 같은 꼴

식 ⑫를 사용하여 다음처럼 합니다.

$$\frac{y'}{y} = \log a$$

$$y' = y \cdot \log a$$

$$= a^x \log a$$

> $y = a^x$

$$\therefore \quad (a^x)' = a^x \log a$$

이렇게 양변에 로그를 취하고 미분하여 도함수를 구하는 방법을 **로그 미분법**이라 합니다. 지수함수나 복잡한 거듭제곱이 있는 함수를 미분할 때 강력한 무기가 되는 기법입니다.

참고로 $a = e$일 때는

$$(e^x)' = e^x \log e$$

$$= e^x \cdot 1$$

$$= e^x$$

로 앞에서 구한 값(182쪽)과 일치합니다.

$$(a^x)' = a^x \log a$$

$$(e^x)' = e^x$$

Note≡ 일반적인 지수함수의 미분은 다음과 같이 구할 수도 있습니다.

$$a = e^{\log a}$$

$$\Rightarrow \quad a^x = (e^{\log a})^x = e^{x \log a}$$

$e^p = a$ 라고 하면 정의에 따라
$p = \log a \quad \Rightarrow \quad e^{\log a} = a$

$$(a^x)' = (e^{x \log a})'$$

$$= e^{x \log a} \cdot \log a$$

합성함수의 미분

$$= (e^{\log a})^x \log a$$

$e^{\log a} = a$

$$= a^x \log a$$

문제는 177쪽

 $y = (\log x)^x$의 양변에 로그를 취합니다.

$$\log y = \log(\log x)^x$$

$$= x \log(\log x)$$

$\log_a M^r = r \log_a M$

양변을 x로 미분합니다. 곱의 미분(107쪽)과 합성함수의 미분(104쪽)을 사용해 다음과 같이 구합니다.

$$(\log y)' = \dfrac{y'}{y}$$

$$(\log y)' = \{x \cdot \log(\log x)\}'$$

$$\dfrac{y'}{y} = (x)'\{\log(\log x)\} + x \cdot \{\log(\log x)\}'$$

$$(f \cdot g)' = f' \cdot g + f \cdot g'$$

$$= 1 \cdot \{\log(\log x)\} + x \cdot \left(\dfrac{1}{\log x} \cdot \dfrac{1}{x}\right)$$

$$(\log x)' = \dfrac{1}{x}$$

겉미분 　　속미분

$$= \log(\log x) + \dfrac{1}{\log x}$$

$$\therefore \quad y' = y \cdot \left\{\log(\log x) + \dfrac{1}{\log x}\right\}$$

$$= (\log x)^x \left\{\log(\log x) + \dfrac{1}{\log x}\right\}$$

$$y = (\log x)^x$$

마지막 문제를 보고 눈이 휘둥그레지는 사람도 있을 겁니다.
하지만 이 문제를 풀 수 있으면 미분 계산은 더 이상 배울 것이
없습니다! 포기하지 말고 힘내세요!

18

응용편 1: 함수의 최댓값과 최솟값

앞 절로 미분 계산 기법 이야기는 끝입니다. 이번에는 드디어 미분을 응용해볼 텐데, 미분이 가장 활약할 때는 단연 **함수의 최댓값과 최솟값을 구할 때**입니다. 주어진 (또는 구한) 함수를 미분해서 **증감표**(90쪽)를 만들면 최댓값과 최솟값을 구할 수 있습니다.

 다음 그림과 같이

$$\text{AB} = \text{CD} = \text{DA} = a \quad (a\text{는 상수})$$

$$\angle \text{ABC} = \angle \text{DCB} = \theta \quad \left(0 < \theta < \frac{\pi}{2}\right)$$

인 사다리꼴 ABCD가 있습니다. θ를 변수로 하는 사각형 ABCD 넓이의 최댓값을 구하세요.

▼ 그림 18-1 사다리꼴 ABCD

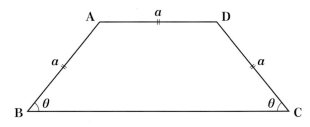

미분을 이용해 최댓값과 최솟값을 구하려면

문제의 해답을 알아보기 전에 단순한 예로 미분을 이용해서 최댓값과 최솟값을 구하는 연습을 해봅시다. 순서는 다음과 같습니다.

요점 정리 | **최댓값과 최솟값을 구하는 순서**

(1) 최댓값과 최솟값을 알고 싶은 양에 관해 함수를 만든다.

(2) 독립변숫값의 범위(정의역)를 확인한다.

(3) 미분해서 도함수를 구한다.

(4) 증감표를 만든다(그래프를 그린다).

처음부터 함수가 주어져 있을 때는 순서 (1)을 생략할 수 있습니다. 함수가 주어지지 않았을 때는 최댓값과 최솟값이 어떤 함수가 될지, 다시 말해 **어떤 요인에 의해 정해지는 수인지를 먼저 알아내야 합니다.**

$y = f(x)$일 때 자유롭게 값을 정할 수 있는 입력값 x가 '독립변수', x에 의해 정해지는 출력값 y가 '종속변수'라고 이미 설명했는데(144쪽), 실제 문제에서는 보통 독립변수의 범위에 제한이 있습니다. **독립변숫값의 범위를 정의역, 종속변숫값의 범위를 치역**이라고 합니다. 최댓값과 최솟값 문제는 결국, 정의역이 있을 때 치역에서 가장 큰 값과 가장 작은 값을 구하는 문제입니다.

정의역을 확인했다면 **구한 함수를 미분해서 도함수를 구합니다.** 마지막에 도함수의 부호를 조사해 **증감표를 만들면 최댓값과 최솟값 문제는 끝입니다!**

또한, 증감표를 바탕으로 그래프를 그리면 최댓값과 최솟값을 시각적으로 명확하게 알 수 있지만 익숙해지면 꼭 그래프를 그릴 필요는 없습니다.

그러면 연습을 시작해볼까요? 먼저 다음과 같은 함수가 있다고 합시다.

$$f(x) = \frac{1}{3}x^3 - 3x^2 + 5x + 1 \quad (0 \leq x \leq 7)$$

여기서는 이미 함수가 주어져 있고 x의 범위(정의역)도 알고 있으므로 순서 (1)과 (2)는 생략할 수 있습니다.

바로 $f'(x)$를 구해봅시다.

$$\begin{aligned} f'(x) &= \frac{1}{3} \cdot 3x^2 - 3 \cdot 2x + 5 \cdot 1 + 0 \\ &= x^2 - 6x + 5 \\ &= (x-1)(x-5) \end{aligned}$$

$y = f'(x)$는 2차함수이므로 그래프는 포물선 모양입니다.

$$\begin{aligned} f'(x) &= 0 \\ &\Leftrightarrow \quad (x-1)(x-5) = 0 \\ &\Leftrightarrow \quad x-1 = 0 \text{ or } x-5 = 0 \\ &\Leftrightarrow \quad x = 1 \text{ or } x = 5 \end{aligned}$$

따라서 x축과는 $x=1$과 $x=5$에서 교차합니다. 그래프는 그림 18-2와 같습니다.

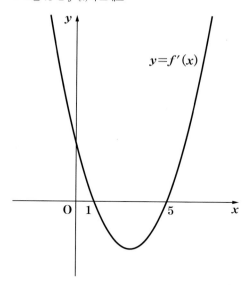

❤ 그림 18-2 $f'(x)$의 그래프

그림 18-2의 그래프를 보며 증감표를 그려 봅시다. 여기서 주의해야 할 점은 **증감표 안에 정의역을 써 넣는 것입니다!**

❤ 표 8-1 $f'(x)$의 증감표

정의역을 써 넣는다

x	0		1		5		7
$f'(x)$		+	0	−	0	+	
$f(x)$	1	↗	$\dfrac{10}{3}$	↘	$-\dfrac{22}{3}$	↗	$\dfrac{10}{3}$

① ② ③ ④

표 18-1의 각 값은 다음과 같이 계산합니다.

$$f(0) = \frac{1}{3} \cdot 0^3 - 3 \cdot 0^2 + 5 \cdot 0 + 1$$

$$= 0 - 0 + 0 + 1 = \mathbf{1} \quad \cdots \text{①}$$

$$f(1) = \frac{1}{3} \cdot 1^3 - 3 \cdot 1^2 + 5 \cdot 1 + 1$$

$$= \frac{1}{3} - 3 + 5 + 1 = \frac{1}{3} + 3$$

$$= \frac{\mathbf{10}}{\mathbf{3}} \quad \cdots \text{②}$$

$$f(5) = \frac{1}{3} \cdot 5^3 - 3 \cdot 5^2 + 5 \cdot 5 + 1$$

$$= \frac{125}{3} - 75 + 25 + 1$$

$$= \frac{125}{3} - 49 = \frac{125 - 147}{3}$$

$$= -\frac{\mathbf{22}}{\mathbf{3}} \quad \cdots \text{③}$$

$$f(5) = \frac{1}{3} \cdot 5^3 - 3 \cdot 5^2 + 5 \cdot 5 + 1$$

$$= \frac{125}{3} - 75 + 25 + 1$$

$$= \frac{125}{3} - 49 = \frac{125 - 147}{3}$$

$$= -\frac{\mathbf{22}}{\mathbf{3}} \quad \cdots \text{④}$$

이렇게

최솟값: $f(5) = -\dfrac{22}{3}$

최댓값: $f(1) = f(7) = \dfrac{10}{3}$

임을 알 수 있습니다.

참고로 $y = f(x)$의 그래프는 그림 18–3과 같습니다.

▼ 그림 18–3 $f(x)$의 그래프

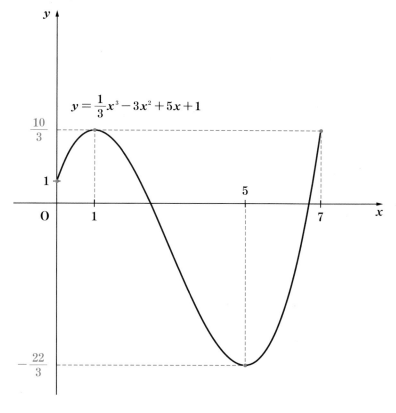

미분을 이용해서 최댓값과 최솟값을 구하는 방법을 알았으니 이 절 시작 부분에 있던 문제를 풀어봅시다.

해답 먼저 주어진 사다리꼴의 면적을 구합시다. A와 D에서 BC에 내린 수선의 발을 각각 E와 F라고 합시다.

▼ 그림 18-4 A와 D에서 BC에 내린 수선의 발 E와 F. 각 변의 길이

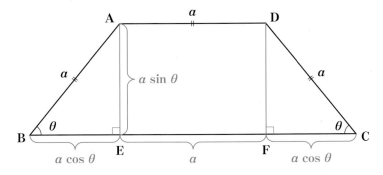

삼각비의 기본적인 관계를 나타내는 그림(115쪽)을 사용하면

▼ 그림 18-5 삼각비를 사용한 직각삼각형의 각 변의 길이

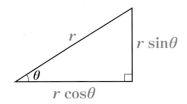

$$높이 = AE = a\sin\theta$$

$$밑변 = BC = BE + EF + FC = a\cos\theta + a + a\cos\theta = a + 2a\cos\theta$$

임을 알 수 있습니다.

따라서 사다리꼴의 넓이는

$$(\text{윗변}+\text{밑변})\times\text{높이}\times\frac{1}{2}=(AD+BC)\times AE\times\frac{1}{2}$$

$$=(a+a+2a\cos\theta)\times a\sin\theta\times\frac{1}{2}$$

$$=2a(1+\cos\theta)\times a\sin\theta\times\frac{1}{2}$$

$$=a^2(1+\cos\theta)\sin\theta$$

a는 상수이므로 사다리꼴 ABCD의 넓이는 θ값에 따라 변합니다. 그렇다는 말은 …… 맞습니다! **사다리꼴 ABCD의 넓이는 θ의 함수**입니다.

이제

$$f(\theta)=a^2(1+\cos\theta)\sin\theta$$

라고 합시다.

정의역(θ의 범위)은 문제에 있는 대로

$$0<\theta<\frac{\pi}{2}$$

입니다.

그러면 $f(\theta)$를 미분해서 $f'(\theta)$를 구합니다. **삼각함수의 미분**(139쪽)**과 곱의 미분 공식**(107쪽)을 사용합니다!

목표는 $f'(\theta)$의 부호를 조사하는 것이므로 함수를 한 종류의 삼각함수로 맞춰서(sin 또는 cos으로만 표현한다는 의미입니다) 인수분해합니다.

$$f'(\theta) = a^2\{(1+\cos\theta)'\sin\theta + (1+\cos\theta)(\sin\theta)'\}$$
$$= a^2\{(0-\sin\theta)\sin\theta + (1+\cos\theta)\cos\theta\}$$
$$= a^2(-\sin^2\theta + \cos\theta + \cos^2\theta)$$
$$= a^2\{-(1-\cos^2\theta) + \cos\theta + \cos^2\theta\}$$
$$= a^2(2\cos^2\theta + \cos\theta - 1)$$
$$= a^2(\cos\theta + 1)(2\cos\theta - 1)$$

$\cos^2\theta + \sin^2\theta = 1$ 에서
$\sin^2\theta = 1 - \cos^2\theta$

$(f \cdot g)' = f' \cdot g + f \cdot g'$
$(\cos\theta)' = -\sin\theta$
$(\sin\theta)' = \cos\theta$

$acx^2 + (ad+bc)x + bd = (ax+b)(cx+d)$

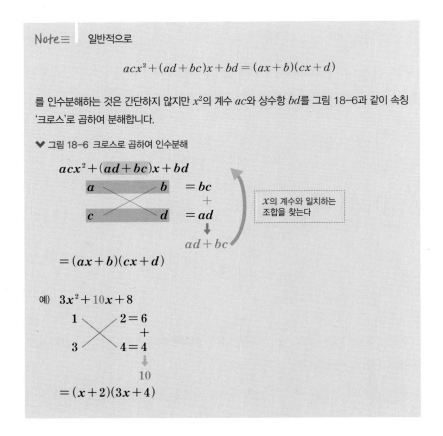

Note≡ 일반적으로

$$acx^2 + (ad+bc)x + bd = (ax+b)(cx+d)$$

를 인수분해하는 것은 간단하지 않지만 x^2의 계수 ac와 상수항 bd를 그림 18-6과 같이 속칭 '크로스'로 곱하여 분해합니다.

❤ 그림 18-6 크로스로 곱하여 인수분해

$$acx^2 + (ad+bc)x + bd$$

| a | b | $= bc$ |
| c | d | $= ad$ |

$+$

x의 계수와 일치하는 조합을 찾는다

$ad + bc$

$$= (ax+b)(cx+d)$$

예) $3x^2 + 10x + 8$

$1 \diagdown 2 = 6$
$+$
$3 \diagup 4 = 4$

10

$$= (x+2)(3x+4)$$

여기서 잠깐 삼각함수의 정의 그림(119쪽)을 다시 보세요.

정의역은 $0 < \theta < \dfrac{\pi}{2}$이므로 제1사분면(오른쪽 위 영역)만 보면 됩니다. 또한, 직각삼각형 각 변의 비가 $1 : 2 : \sqrt{3}$일 때 $\theta = \dfrac{\pi}{3}$(60°)인 것에 주의하세요.

❤ 그림 18-7 $\theta = \dfrac{\pi}{3}$인 직각삼각형

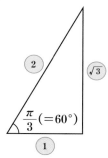

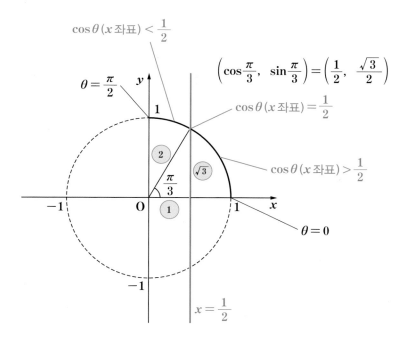

그림 18-7을 보면서 확인해보면

$0 < \theta < \dfrac{\pi}{3}$ $\Rightarrow$ $\cos\theta > \dfrac{1}{2}$ $\Rightarrow$ $2\cos\theta - 1 > 0$ $+$

$\theta = \dfrac{\pi}{3}$ $\Rightarrow$ $\cos\theta = \dfrac{1}{2}$ $\Rightarrow$ $2\cos\theta - 1 = 0$ 0

$\dfrac{\pi}{3} < \theta < \dfrac{\pi}{2}$ $\Rightarrow$ $\cos\theta < \dfrac{1}{2}$ $\Rightarrow$ $2\cos\theta - 1 < 0$ $-$

라는 것을 알 수 있습니다. 앞에서 미분한 후에 인수분해한

$$f'(\theta) = a^2(\cos\theta + 1)(2\cos\theta - 1)$$

에서

$$a^2 > 0, \quad \cos\theta + 1 > 0$$

인 것이 명백하므로 **$f'(\theta)$의 부호는 곧 $(2\cos\theta - 1)$의 부호와 같습니다.**

자! 이렇게 증감표를 만들 준비가 끝났습니다.

▼ 표 18-2 $f(\theta) = a^2(1 + \cos\theta)\sin\theta$의 증감표

θ	0		$\dfrac{\pi}{3}$		$\dfrac{\pi}{2}$
$f'(\theta)$		$+$	0	$-$	
$f(\theta)$		↗	최댓값	↘	

이렇게 $\theta = \dfrac{\pi}{3}$일 때 최댓값이 된다는 것을 알 수 있습니다! 따라서 최댓값은 다음과 같이 구할 수 있습니다.

$$f\left(\frac{\pi}{3}\right) = a^2\left(\cos\frac{\pi}{3} + 1\right)\sin\frac{\pi}{3}$$

$$= a^2 \times \left(\frac{1}{2} + 1\right) \times \frac{\sqrt{3}}{2}$$

$$= \frac{3}{2} \times \frac{\sqrt{3}}{2} \times a^2$$

$$= \frac{3\sqrt{3}}{4}a^2$$

> $\cos\dfrac{\pi}{3} = \dfrac{1}{2}$, $\sin\dfrac{\pi}{3} = \dfrac{\sqrt{3}}{2}$
> (그림 18-7 참조)

로 구할 수 있습니다.

❤ 그림 18-8 그림으로 살펴보는 사각형의 넓이

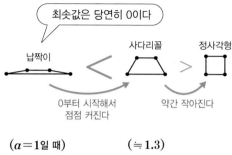

$(a=1$일 때$)$ $(\fallingdotseq 1.3)$

$0 \longrightarrow \dfrac{3\sqrt{3}}{4} \longrightarrow 1$

함수만 손에 넣으면 미분으로 함수를 분석해서 항상 최댓값과 최솟값을 구할 수 있습니다. 그러니까 함수를 찾는 게 매우 중요합니다.

19 응용편 2: 직선으로 근사한다

미분이 최댓값과 최솟값을 구할 때 큰 힘을 발휘한다는 것을 앞 절에서 직접 살펴보았는데, 이번에는 **또 한 가지 다른 사용법인 근사를 알아보겠습니다.** 사회에서는 복잡하고 긴 계산으로 엄밀한 값을 구하는 것보다 단순하고 짧은 계산으로 '대략적인 값'을 구하는 것이 더 가치 있을 때가 있습니다. 미분을 사용하면 $y = f(x)$가 아무리 복잡한 함수여도 (x의 변화량이 충분히 작을 때는) **$f(x)$를 1차함수=가장 단순한 함수로 근사할 수 있습니다.**

 금리가 연 0.2%인 정기 예금에 100만 원을 20년간 입금했을 때 원리합계가 대략 어느 정도인지를 간단한 계산으로 구하세요. 단, 이자는 복리입니다.

'복리'란 복리법으로 계산한 이자를 말하고, '복리법'이란 원금과 이자를 합한 금액을 다음 원금으로 이자를 계산하는 방법을 말합니다. 일반적으로 원금이 a원이고 연이율이 r%일 때 복리법으로 원리합계를 구하면 다음과 같습니다.

1년 후 : $a + a \times \dfrac{r}{100} = a\left(1 + \dfrac{r}{100}\right)$

2년 후 : $a\left(1 + \dfrac{r}{100}\right) + a\left(1 + \dfrac{r}{100}\right) \times \dfrac{r}{100} = a\left(1 + \dfrac{r}{100}\right)\left(1 + \dfrac{r}{100}\right) = a\left(1 + \dfrac{r}{100}\right)^2$

3년 후 : $a\left(1 + \dfrac{r}{100}\right)^2 + a\left(1 + \dfrac{r}{100}\right)^2 \times \dfrac{r}{100} = a\left(1 + \dfrac{r}{100}\right)^2\left(1 + \dfrac{r}{100}\right) = a\left(1 + \dfrac{r}{100}\right)^3$

4년 후 : $a\left(1 + \dfrac{r}{100}\right)^3 + a\left(1 + \dfrac{r}{100}\right)^3 \times \dfrac{r}{100} = a\left(1 + \dfrac{r}{100}\right)^3\left(1 + \dfrac{r}{100}\right) = a\left(1 + \dfrac{r}{100}\right)^4$

이렇게 알 수 있듯이 복리법으로 계산한 n년 후의 원리합계는

$$a\left(1+\frac{r}{100}\right)^n \quad \text{(원)}$$

이 됩니다.

이 계산은 간단하지 않습니다. 2년 후나 3년 후까지는 괜찮지만 10년 후나 20년 후는 계산기 없이는 계산이 거의 불가능합니다. 하지만 저금리 시대라 불리는 현대라면 매우 귀찮은 복리 계산을 근사하여 간단하게 할 수 있습니다.

함수를 1차함수로 근사하는 방법

어떤 함수 $f(x)$의 $f(a+h)$값을 1차함수로 근사하는 상황을 생각해봅시다.

▼ 그림 19-1 $y=f(x)$를 1차 함수로 근사

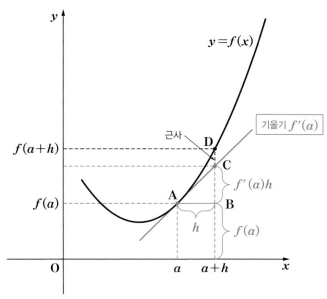

그림 19–1의 그래프에서 직선 AC는 $y=f(x)$의 $x=a$에서의 접선이므로 기울기는 **미분계수 $f'(a)$**(61쪽)입니다. 여기서 AB의 길이를 h라 하면

$$기울기 = \frac{BC}{AB} = \frac{BC}{h} = f'(a)$$

에서 다음과 같이 식을 변형할 수 있습니다.

$$BC = f'(a)h$$

그림 19–1에서 알 수 있듯이

$$f(a+h) = f(a) + f'(a)h + CD$$

입니다.

여기서 h가 충분히 작을 때 CD의 길이는 매우 작아지므로

$$f(a+h) \fallingdotseq f(a) + f'(a)h$$

라 할 수 있습니다.

$a+h=x$라 하면 다음처럼 바꿔 쓸 수 있습니다.

$$a+h=x에서$$
$$h=x-a$$

$$f(x) \fallingdotseq f(a) + f'(a)(x-a)$$

a는 상수이므로 위 식은 **x가 a에 가까울 때 $f(x)$를 1차함수(직선)로 근사할 수 있음**을 보여줍니다. 이런 근사를 **1차 근사**라 합니다. 특히 $a=0$일 때 위 식은 다음과 같이 단순해집니다.

$$f(x) \fallingdotseq f(0) + f'(0)x$$

요점 정리 **1차 근사식**

x값이 a에 가까울 때 1차 근사식은 다음과 같습니다.

$$\boldsymbol{f(x) \fallingdotseq f(a)+f'(a)(x-a)}$$

특히 x값이 0에 가까울 때는 다음과 같이 식이 더 단순해집니다.

$$\boldsymbol{f(x) \fallingdotseq f(0)+f'(0)x}$$

x가 변함에 따라 $f(x)$가 어떻게 변하는지를 파악하는 것은 일반적으로 간단하지 않지만, 1차함수는 아무래도 그래프가 직선이므로 변화의 양상을 파악하기가 훨씬 간단합니다.

바로 사용해봅시다. 먼저 다음과 같은 함수가 있다고 합시다.

$$f(x)=\sin x$$

삼각함수의 미분(139쪽)을 사용하면

$$f'(x)=\cos x$$

입니다. x가 0에 가까울 때 1차 근사식(앞의 정리)에 따르면

$$f(x) \fallingdotseq f(0)+f'(0)x$$

이므로 식에 대입하면 다음과 같이 구할 수 있습니다.

$$\begin{aligned}\sin x &\fallingdotseq \sin 0+\cos 0\cdot x\\ &=0+1\cdot x=\boldsymbol{x}\end{aligned}$$

그림 19-2 참고

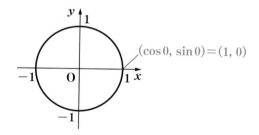

이렇게 보니 x가 0에 가까운 값일 때 $y = \sin x$는 $y = x$로 근사할 수 있을 것 같습니다!

여기서 **아 그렇구나!**라고 생각했다면 여러분은 상당히 예리한 사람입니다.

이제부터 살펴봅시다.

삼각함수의 미분을 공부했을 때 다음 극한을 소개했습니다(138쪽).

$$\lim_{\theta \to 0} \frac{\sin\theta}{\theta} = 1$$

이 극한은 θ가 한없이 0에 가까워질 때 $\frac{\sin\theta}{\theta}$는 확실하게 1이라는 목표점에 가까워진다는 의미였는데, 다르게 보면 θ가 0에 가까운 값이라면

$$\frac{\sin\theta}{\theta} \fallingdotseq 1$$

이라고 말하는 것과 같습니다. 다시 말해

$$\sin\theta \fallingdotseq \theta$$

입니다.

이 식은 앞에서 구한 x가 0에 가까울 때의 근사식

$$\sin x \fallingdotseq x$$

와 본질적으로 같습니다.

실제로 $y = \sin x$와 $y = x$ 그래프를 겹쳐서 그려보면

▼ 그림 19-3 $y = \sin x$와 $y = x$ 그래프를 겹쳐서 그린 그림

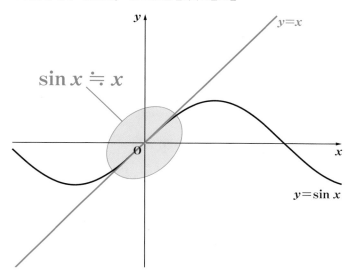

원점 근처(x가 0에 가까운 곳)에서는 두 그래프가 거의 겹치는 것을 볼 수 있습니다.

실제로 $x = \dfrac{\pi}{180}(=1°)$일 때 함수 계산기로 계산하면

$$\sin \frac{\pi}{180} = 0.017452406\cdots$$

$$\frac{\pi}{180} = 0.017453292\cdots$$

> 호도법(라디안)으로 $a°$는
> $$\theta = \frac{a\pi}{180}$$

와 같이 소수점 5자리까지 같으므로 $\sin x \fallingdotseq x$는 '잘 된 근사'입니다.

$(1+x)^n$의 근사

삼각함수가 아닌 근사도 알아보겠습니다.

$$f(x) = (1+x)^n \quad \cdots ①$$

이라는 함수를 근사합시다. 식 ①은 이 절의 시작(206쪽) 문제를 푸는 데 필요하며 물리나 화학 등에서 매우 자주 사용하는 유명한 근사입니다. 식 ①을 합성함수의 미분(104쪽)을 사용해 미분하면

$$f'(x) = \underbrace{n(1+x)^{n-1}}_{겉미분} \cdot \underbrace{(1+x)'}_{속미분}$$

$$= n(1+x)^{n-1} \cdot (0+1)$$

$$= n(1+x)^{n-1} \quad \cdots ②$$

이므로 x가 0에 가까운 값일 때의 1차 근사식(209쪽)

$$f(x) \fallingdotseq f(0) + f'(0)x$$

에 식 ①과 ② 및 $f(0) = (1+0)^n$을 대입하면 다음과 같습니다.

$$(1+x)^n \fallingdotseq (1+0)^n + n(1+0)^{n-1} \cdot x$$

$$= 1^n + n \cdot 1^{n-1} \cdot x$$

$$= 1 + nx$$

요점 정리 $(1+x)^n$**의 근사**

x가 0에 가까운 값일 때 $(1+x)^n$은 다음과 같이 근사합니다.

$$(1+x)^n \fallingdotseq 1 + nx$$

해답 그러면 문제를 풀어봅시다. 앞에서 원금이 a원이고 연이율이 $r\%$일 때 복리법으로 계산한 n년 후의 원리합계는

$$a\left(1 + \frac{r}{100}\right)^n \quad \text{(원)}$$

이 된다는 것을 알았습니다.

이 문제는 $a = 100$(만원), $r = 0.2$(%), $n = 20$(년)인 경우이니

$$100\left(1 + \frac{0.2}{100}\right)^{20} = 100(1 + 0.002)^{20} \quad \text{(만원)}$$

입니다. 근데 0.002라는 수는 매우 작으므로 앞에서 배운 근사를 사용할 수 있습니다.

x가 0에 가까운 값일 때

$$(1 + x)^n \fallingdotseq 1 + nx$$

이므로

$$(1 + x)^{20} \fallingdotseq (1 + 20x)$$
$$\Leftrightarrow \quad 100(1 + x)^{20} \fallingdotseq 100(1 + 20x)$$

에서 $x = 0.002$일 때 다음과 같이 구할 수 있습니다.

$$100(1 + 0.002)^{20} \fallingdotseq 100(1 + 20 \times 0.002)$$
$$= 100(1 + 0.04)$$
$$= 100 \times 1.04$$
$$= 104$$

자! 104만 원입니다! (20년 저금해서 이자는 4만 원이네요…)

그러면 이 근사는 어느 정도 맞을까요?

함수 계산기로 계산하면

$$100(1 + 0.002)^{20} = 104.0769\cdots$$

이므로 꽤 정밀한 근사라고 할 수 있습니다.

저금리 시대에 사용할 수 있는 근사식

이율이 높았던 시절처럼 이율이 8%(40배)일 때, 똑같이 100만 원을 20년 저금했다고 하고 앞에서 사용한 근사를 사용하면

$$
\begin{aligned}
100(1 + 0.08)^{20} &\fallingdotseq 100(1 + 20 \times 0.08) \\
&= 100 \times (1 + 1.6) \\
&= 100 \times 2.6 \\
&= 260
\end{aligned}
$$

로 260만 원이 됩니다.

한편, 근사를 사용하지 않고 실제로 계산하면

$$100(1 + 0.08)^{20} = 466.0957\cdots$$

로 원리합계는 466만 원보다 조금 많아져 전혀 다른 값이 됩니다.

이처럼 이율이 높을 때는 근사를 이용해 구한 값과 실제 계산한 값의 차이가 커

서 근사를 사용할 수 없지만 저금리 시대가 계속되는 동안은 아무리 햇수가 늘어도

$$원리합계 ≒ 원금 × (1 + 예금햇수 × 이율)$$

로 원리합계를 대강 계산할 수 있습니다.

> **요점 정리** **저금리 시대의 예금 근사식**
>
> $$원리합계 ≒ 원금 × (1 + 예금햇수 × 이율)$$

아직도 힘이 남아 있는 분은 이자가 얼마 붙을 때까지 이 근사를 사용할 수 있는지 함수 계산기로 꼭 한 번 계산해보세요.

자, 이렇게 긴 미분편이 끝났습니다. 고생했습니다!

다음 절부터는 적분을 배웁니다. 먼저 '적분은 미분의 역연산(곱하기와 나누기와 같은 관계)이다'라는 **미적분의 기본 정리**를 배우면 다음은 그렇게 어렵지 않습니다(계산이 귀찮을 때는 있지만).

미분을 사용해서 근사할 수 있는 이유는 그래프(함수)를 작게 나누면 곡선을 직선으로 근사할 수 있기 때문입니다.

2^장

적분편

20 적분이란?: 미적분의 기본 정리

자, 여기부터는 적분입니다. 먼저 가장 중요한 사실부터 이야기하겠습니다.
바로

미분과 적분은 서로 역연산 관계이다

라는 **미적분의 기본 정리**입니다.

이 절에서는 인류가 도달한 진리 중에서도 특별히 빛나는 이 정리를 파고들어 위대함을 함께 느껴봅시다.

 $y=f(x)$와 $x=a$, $x=b$ $(a<b)$ 그리고 x축으로 둘러싸인 그림 20–1의 넓이 S를 생각해봅시다.

▼ 그림 20–1 $y=f(x)$와 $x=a$, $x=b$ $(a<b)$ 그리고 x축으로 둘러싸인 부분의 넓이 S

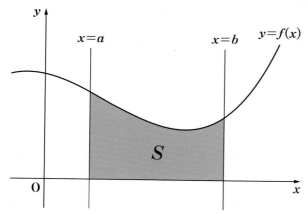

여기서 $F(x)$의 도함수가 $f(x)$일 때(즉, $F'(x)=f(x)$일 때)

$$S = F(b) - F(a)$$

임을 보이세요.

이 문제는 어쩌면 이 책에서 가장 어려운 문제일지도 모릅니다. 이 문제야말로 두 명의 천재 뉴턴과 라이프니츠가 도달한 **미적분의 기본 정리** 그 자체이기 때문입니다.

차례대로 자세히 살펴봅시다.

적분의 어원

'적분'은 미분과 함께 중국에서 유입된 단어입니다. 기원은 19세기 중반 이탈리아인 선교사 알렉산더 와일리(Alexander Wylie)와 중국인 수학자 이선란이 함께 번역한 〈대미적습급〉(1850년)에서 처음 사용되어 널리 퍼지게 되었습니다.

> Note≡ 원저는 미국인 엘리아스 루미스(Elias Loomis)가 저술한 〈Elements of Analytical Geometry and of Differential and Integral Calculus(해석기하학과 미분적분의 첫걸음)〉(Sagwan Press, 2016)입니다.

미분은 **작은(미) 것으로 나눈다(분)**는 의미였습니다(57쪽). 적분은 **나눈(분) 것을 쌓아 올린다(적)**는 의미라 생각해주세요.

적분을 영어로는 integration이라고 합니다. integrate가 '통합하다'나 '합치다' 등의 의미를 포함하고 있으므로 적분의 본질은 작게 나눈 것을 합쳐서 쌓아 올리는(서로 더하는) 데 있습니다.

미분이 먼저? 적분이 먼저?

적분의 역사가 언제부터 시작됐는지 알고 있나요? 미분과 적분을 함께 말할 때는 보통 '미분적분'이나 '미적'이라고 합니다. '적분미분'이라든가 '적미'라고는 하지 않습니다. 게다가 고등학교 교과서에서도 '미분 · 적분' 순서로 배우므로 막연하게 미분이 먼저 발명되고 그 후에 적분이 발명됐다고 생각하는 사람이 많지 않을까 싶습니다.

하지만 실제로는 **적분의 역사가 훨씬 깁니다.**

미분이 태동하기 시작한 때는 12세기입니다. 당시를 대표하는 수학자인 인도의 **바스카라 2세(1114~1185)**는 그의 저서에서 미분계수(61쪽)와 도함수(89쪽)로 연결되는 개념을 발표했습니다.

한편, 적분은 **기원전 1800년경에서 그 단서를 찾을 수 있습니다.** 적분이 왜 이렇게 빨리 탄생했을까요? 바로 **넓이를 구하기 위해서**였습니다.

예를 들어 그림 20-2와 같은 땅이 있다고 합시다.

▼ 그림 20-2 어떤 도형 모양의 땅

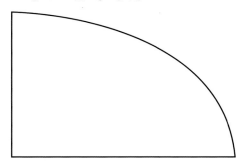

이미 살펴보았듯이 미분계수는 곡선에서 접선의 기울기를 알려줍니다. 한편 (나중에 자세히 알 수 있듯이) **적분은 이 곡선으로 둘러싸인 도형의 넓이를 작은 직사각형의 합으로 계산하는 방법**입니다.

❤ 그림 20-3 도식화한 미분과 적분

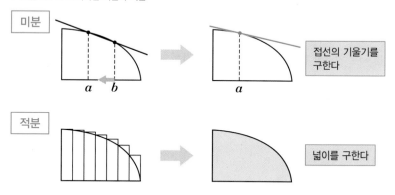

생활에 직접적으로 관계가 있는 것은 어느 쪽일까요? 그림 20-3에 나와 있는 곡선의 접선을 하찮게 볼 생각은 없지만 역시 넓이를 구하는 게 많은 사람에게 더 절실한 문제였습니다.

예를 들어 유산을 상속할 때 상속할 땅의 넓이를 가능한 한 정확하게 측정해야 합니다. 그럴 때 사각형이나 삼각형이 아닌 땅의 넓이는 어떻게 구해야 할지 생각하다가 적분의 기본 개념이 탄생했습니다.

참고로 오늘날의 적분과 연결되는 구적법(넓이를 구하는 방법)을 처음 생각한 사람이 바로 **아르키메데스**(B.C.287-B.C.212?)입니다(223쪽).

왜 뉴턴과 라이프니츠가 창시자인가?

이처럼 적분은 늦어도 기원전 3세기에, 미분은 12세기에 서로 어떠한 영향도 미치지 않고 따로 떨어져 탄생한 개념입니다. 그런데도 미분·적분의 창시자는 **뉴턴**(1643-1727)과 **라이프니츠**(1646-1716)라고 합니다. 왜 그럴까요?

실은 이 두 사람의 위대한 업적은 미분과 적분을 생각해 낸 것이 아니라 **미분과 적분을 서로 연결한 것**에 있습니다. 덕분에 접선의 기울기와 넓이를 구하기 위한 계산 방법에 지나지 않았던 미분과 적분이 세상의 진리를 표현하기 위한 **인류의 보물**이 되었습니다.

미분과 적분이 서로 연결되고 나서야 **제대로 된 생명**을 얻게 됐다고 해도 과언이 아닙니다. 이러한 이유로 미분·적분의 창시자가 뉴턴과 라이프니츠라고 하는 것입니다.

그러면 두 사람이 미분과 적분에 부여한 '생명'이란 무엇일까요?

바로 이 절 처음에 소개한 **미분과 적분은 서로 역연산 관계에 있다**는 '미적분의 기본 정리'입니다.

애타게 하려는 건 아니지만 미적분의 기본 정리를 자세히 설명하기 전에, 이 정리 이전에 있었던 적분은 어떤 모습이었는지 살펴봅시다.

미적분의 기본 정리 이전의 적분

미적분의 기본 정리로 미분과 적분이 연결되기 전에는 적분은 넓이를 구하기 위한 방법(구적법)이었습니다. 이 방법의 본질은 작게 나눈 넓이를 더한 값을 전체 면적이라 생각하는 것입니다.

여기서 두 개 정도 예를 들어봅시다.

(1) 아르키메데스의 구적법

▼ 그림 20-4 2차원 포물선 모양 그릇 안에 물이 차 있다고 생각하면 쉽다

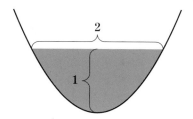

처음으로 오늘날의 적분과 연결되는 사고방식을 사용해 곡선으로 둘러싸인 도형의 넓이를 구하려고 했던 사람은 앞에서 이야기한 대로 아르키메데스입니다. 아르키메데스는 그림 20-4의 포물선과 직선으로 둘러싸인 도형의 넓이를 구하기 위해 포물선 내부를 삼각형으로 가득 채워나가는 방법을 생각했습니다(이런 방식을 **소진법**이라고 합니다).

▼ 그림 20-5 소진법을 사용하여 넓이를 계산

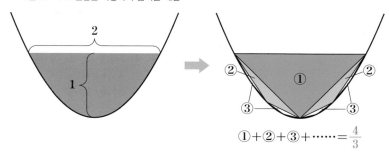

$$①+②+③+\cdots\cdots=\frac{4}{3}$$

자세한 계산 방법은 양이 너무 많으므로 생략하지만, 아르키메데스는 ①, ②, ③ ……로 포물선 내부를 삼각형으로 가득 채워 넣으면 삼각형의 넓이가 공비 $\frac{1}{4}$ 인 등비수열이 되는 것을 발견한 후 **등비수열 합**(38쪽)에 극한을 취하여 이 넓이는 $\frac{4}{3}$ 라고 결론을 내렸습니다. 아르키메데스가 구한 이 결과가 맞다는 것을 다음 절 이후에 확인해봅시다!

그림 20-6과 같이 좌표축과 그래프를 설정합니다. 즉, 포물선 그래프 식을 $y=x^2$이라 하면 각 점의 좌표는 다음과 같습니다.

❤ 그림 20-6 그림 20-4의 포물선을 좌표축 위에 그린 그림

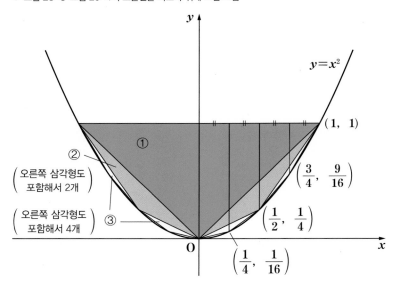

이 좌표를 사용해서 삼각형의 넓이를 계산하면

$$① \text{ 삼각형} = 1 \times 2 \times \frac{1}{2} = 1$$

$$② \text{ 삼각형(2개)} = \left(\frac{1}{4} \times 1 \times \frac{1}{2} \right) \times 2 = \frac{1}{8} \times 2 = \frac{1}{4}$$

$$③ \text{ 삼각형(4개)} = \left(\frac{1}{16} \times \frac{1}{2} \times \frac{1}{2} \right) \times 4 = \frac{1}{64} \times 4 = \frac{1}{16} = \left(\frac{1}{4} \right)^2$$

이 됩니다.

이제

$$S_n = 1 + \frac{1}{4} + \left(\frac{1}{4}\right)^2 + \cdots + \left(\frac{1}{4}\right)^{n-1}$$

a_1(초항) **1**, r(공비) $\frac{1}{4}$
항 수 n인 등비수열

라 하면 등비수열 합의 공식(38쪽)에 따라

$$S_n = \frac{1 \times \left\{1 - \left(\frac{1}{4}\right)^n\right\}}{1 - \frac{1}{4}}$$

$$S_n = \frac{a_1(1 - r^n)}{1 - r}$$

입니다. 여기서

$$\lim_{n \to \infty} \left(\frac{1}{4}\right)^n = 0$$

이 명백하므로

$$\lim_{n \to \infty} S_n = \frac{1 \times (1 - 0)}{1 - \frac{1}{4}}$$

$$= \frac{1}{\frac{3}{4}}$$

$$= 1 \div \frac{3}{4}$$

$$= \frac{4}{3}$$

이 됩니다.

단, 아르키메데스가 이 계산을 했던 당시에는 '극한'이라는 개념이 생기기 훨씬 전이었습니다. 그런데도 아르키메데스가 멀리 있지만 확실히 존재하는 $\frac{4}{3}$라는 목표점에 도달했다는 사실은 정말 놀랍습니다. 인류가 자랑하는 천재는 역시 위대하네요.

(2) 원의 넓이

또 다른 구적법의 예는 원의 넓이입니다. 그림 20-7과 같은 원을 작은 부채꼴로 나눠서 두 개씩 맞춘 모양을 늘어 놓으면 직사각형에 가까운 형태가 됩니다. 여기서 부채꼴을 작게 할수록 직사각형과의 오차는 당연히 작아집니다. 즉, **부채꼴을 한없이 작게 하면 오른쪽 도형은 직사각형에 한없이 가까워집니다.**

▼ 그림 20-7 원을 부채꼴 모양으로 잘라 이어붙인 그림

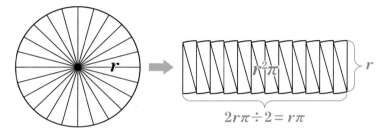

오른쪽 도형이 한없이 가까워지는 직사각형의 가로 길이는 원주(반지름 × 원주율 $= 2r\pi$)의 절반인 $r\pi$이고, 높이는 반지름 r과 같으므로 직사각형의 넓이는

$$r\pi \times r = r^2\pi$$

입니다. **이 직사각형의 넓이는 (원을 작게 나눈) 작은 부채꼴을 전부 더한 넓이와 같아야** 하므로 이 원의 넓이가 $r^2\pi$임을 알 수 있습니다.

여기까지의 설명은 초등학생이나 중학생 때

$$원의 넓이 = 반지름 \times 반지름 \times 원주율$$

이 성립하는 이유로 들어본 적이 있을지도 모릅니다. '작게 나눈 것을 더해서 넓이를 구한다'라는 점에서 훌륭한 적분입니다.

역연산이란

'연산'을 사전에서 찾아보면 '공집합이 아닌 집합에서, 그 집합에 속하는 임의의 두 원소로 제3의 원소를 만듦(출처: 표준대국어사전)'이라고 쓰여 있습니다. 여기서는 넓은 의미로 **계산**이라고 생각하면 좋습니다. 그리고 역연산 관계란 '덧셈과 뺄셈'(또는 '곱셈과 나눗셈')과 같은 관계를 말합니다. a에 b를 더한 결과가 c라면, c에서 b를 빼면 원래의 a로 돌아갑니다(당연합니다).

$$a + b = c \quad \Leftrightarrow \quad a = c - b$$

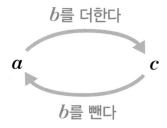

'역연산'은 이처럼 하나의 연산(계산)을 통해 얻은 결과를 원래 결과로 되돌리는 연산입니다.

어떤 함수 $f(x)$에 미분이라는 연산을 수행하면 도함수 $f'(x)$를 구할 수 있습니다. **미적분의 기본 정리가 말하는 미분과 적분은 서로 역연산 관계이다란, $f'(x)$를 적분하면 $f(x)$로 되돌아간다**는 의미입니다.

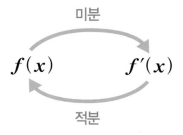

그러면 이제 문제를 풀어봅시다.

문제는 218쪽

 $$F'(x) = f(x) \quad \cdots \textcircled{1}$$

일 때

▼ 그림 20-8 $y=f(x)$, $x=a$, $x=b$와 x축으로 둘러싸인 도형의 넓이 S

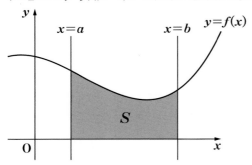

넓이 S가

$$S = F(b) - F(a)$$

임을 보이라는 문제입니다.

$F'(x) = f(x)$라 했으므로 $F'(x)$를 정의에 따라 써 봅시다.

$$F'(x) = \lim_{h \to 0} \frac{F(x+h) - F(x)}{h}$$

이죠. 식 ①에 따르면

$$\lim_{h \to 0} \frac{F(x+h) - F(x)}{h} = f(x)$$

입니다. 이 식의 좌변은 h가 한없이 0에 가까워질 때의 극한인데, h를 0에 충분히 가까운 수라 하면

$$\frac{F(x+h)-F(x)}{h} \fallingdotseq f(x)$$

$$\Leftrightarrow \quad F(x+h)-F(x) \fallingdotseq f(x)h \quad \cdots ②$$

로 변형할 수 있습니다.

여기서 식 ②의 x에

$$a, \ a+h, \ a+2h\cdots$$

를 순서대로 대입한 다음 **나열하여 쓴 후 더한 결과는 다음과 같습니다!**

$$F(x+h)-F(x) \fallingdotseq f(x)h \, \text{에서}$$

$x=a$	일 때	$F(a+h)$	$-F(a)$	$\fallingdotseq f(a)h$
$x=a+h$	일 때	$F(a+2h)$	$-F(a+h)$	$\fallingdotseq f(a+h)h$
$x=a+2h$	일 때	$F(a+3h)$	$-F(a+2h)$	$\fallingdotseq f(a+2h)h$
$\vdots$			$\vdots$	
$x=a+(n-1)h$	일 때	$F(a+nh)$	$-F\{a+(n-1)h\}$	$\fallingdotseq f\{a+(n-1)h\}h$

$+)$
_____

$$F(a+nh)-F(a) \fallingdotseq f(a)h+f(a+h)h+f(a+2h)h+$$

마지막 항 　 첫 번째 항 　　　　　　　$\cdots f\{a+(n-1)h\}h \quad \cdots ③$

좌변은 **'바로 옆 항과의 차'의 합**이므로 위에서부터 아래까지 더하면 **첫 번째 항과 마지막 항만 남습니다.**

'바로 옆 항과의 차'의 합은
첫 번째 항과 마지막 항만 남는다!

1	-0	$=1$
2	-1	$=1$
3	-2	$=1$
$\vdots$	$\vdots$	$\vdots$

$+) \quad n \ -(n-1) =1$
_____
$$n-0=1+1+1\cdots+1$$

마지막 항　 첫 번째 항

식 ③이 이 문제의 '핵심'입니다!

다음으로 문제에 주어진 넓이 S를 그림 20-9와 같이 몇 개의 직사각형으로 나누는 상황을 생각해봅시다.

❤ 그림 20-9 주어진 넓이 S를 몇 개의 직사각형으로 나눔

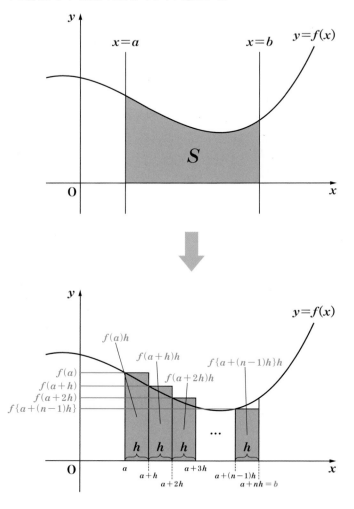

이렇게 하면 각 직사각형의 넓이는 다음과 같습니다.

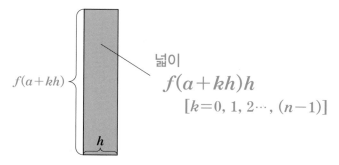

그림 20-10에서

$$f(a+kh)h \quad (k=0, \ 1, \ 2, \ \cdots, \ (n-1))$$

임을 알 수 있습니다.

여기서 '앗!'이라고 깨닫는 여러분은 예리한 사람입니다.

맞습니다! 앞에서 본 **직사각형의 넓이의 합**은 식 ③의 우변, 즉

$$f(a)h+f(a+h)h+f(a+2h)h+\cdots f\{a+(n-1)h\}h$$

와 같습니다!

직사각형 넓이의 합은 문제에 주어진 넓이 S와 거의 같으므로 다음처럼 쓸 수 있습니다.

$$S \fallingdotseq f(a)h+f(a+h)h+f(a+2h)h+\cdots f\{a+(n-1)h\}h \quad \cdots ④$$

식 ③과 ④에 따라 다음과 같이 구할 수 있습니다.

$$F(a+nh)-F(a) \fallingdotseq S \quad \cdots ⑤$$

드디어 마지막입니다.

식 ⑤에서

$$a + nh = b \quad \cdots ⑥$$

라 두면, 식 ⑤는

$$F(b) - F(a) ≒ S \quad \cdots ⑦$$

가 됩니다.

Note≡ '엥! 그렇게 막 해도 되는거야?'라고 생각하는 독자도 있을 것입니다. 괜찮습니다!

식 ⑥은 변형하면

$$h = \frac{b - a}{n}$$

입니다.

즉, h는 $x = a$에서 $x = b$까지의 길이를 n등분한 길이라고 생각하면 됩니다. 그리고 이 식은 n을 키울수록 h가 0에 가까워짐을 나타냅니다.

$$n \to \infty \quad \Leftrightarrow \quad h \to 0$$

식 ⑦의 ≒은 식 ②와 식 ④에서 온 것이고 둘 다 h를 한없이 0에 가깝게 하거나 n을 한없이 크게 하는 극한을 취해서 =이 됩니다.

즉, $h \to 0$ (다른 말로 $n \to \infty$)일 때

$$S = F(b) - F(a)$$

입니다!

여기까지 수고했습니다. 꽤 만만치 않았을 것입니다. 하지만 사실 적분은 이 부분만 이해하면 다음부터는 여러 계산 기법을 습득하는 것만 남습니다. 개념으로 이해해야 할 부분 중에 이보다 더 어려운 부분은 없습니다!

2000년의 시간을 넘어

왜 이 문제가 **미분과 적분은 서로 역연산 관계이다**라는 **미적분의 기본 정리**를 설명하는 데 사용됐는지 조금 더 설명하겠습니다.

문제에서는 '$F(x)$의 도함수가 $f(x)$일 때'라고 주어졌으므로

입니다. 여기서 $f(x)$를 $F(x)$로 되돌리는 연산을 **역미분**이라고 이름을 붙여 봅시다.

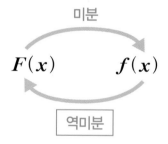

한편, 218쪽의 문제에서는 함수 $F(x)$를 가지고

$$F(b) - F(a)$$

를 계산하면 결괏값이 곡선 $y = f(x)$로 둘러싸인 도형을 **한없이 작은 직사각형으로 나눠서 더한 값**과 같아짐을 알 수 있었습니다. 이는 아르키메데스 이후의 인류가 연구해온 **구적법(=적분)**입니다.

역미분하여 구한 함수를 사용하면 넓이를 구할 수 있다는 사실은 **역미분이 적분**이라는 말이 됩니다. 즉,

역미분 = 적분

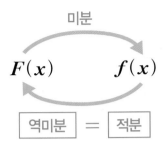

입니다!

뉴턴과 라이프니츠가 '미적분의 기본 정리'를 정립했던 17세기에는 기원전 3세기 이후 탄생한 '구적법'과 같은 의미였던 적분이 약 2000년의 시간이 지나 **미분의 역연산**이라는 새로운 의미가 추가됐습니다.

이 사실이 얼마나 획기적이었는지는 다음 절부터 설명하겠습니다.

요점 정리 | **적분의 두 가지 의미**

(1) 구적법

(2) 미분의 역연산

'미적분의 기본 정리'는 지식이 아닌 개념으로 이해해야 비로소 미적분을 배웠다고 할 수 있죠.

21 부정적분과 정적분의 공식을 유도하자

앞 절에서는 미적분의 기본 정리를 배웠습니다. 이 절에서는 이 정리를 사용해서 적분을 계산하는 방법을 구체적으로 살펴봅니다.

문제 다음 식이 성립함을 보이세요.

(1) $\displaystyle\int_a^b f(x)dx + \int_b^c f(x)dx = \int_a^c f(x)dx$

(2) $\displaystyle -\int_a^b f(x)dx = \int_b^a f(x)dx$

아무리 봐도 '적분!'이라는 느낌이 드는 수식이네요. 위 식은 둘 다 정적분을 계산할 때 기본이 되는 공식입니다. 이 두 식은 정적분의 정리를 안다면 간단하게 증명할 수 있습니다.

우선 적분 기호부터 설명합니다.

✔ 그림 21-1 바이올린에도 인테그랄이?

바이올린에도 인테그랄($\int$)이

$\int$ 홀이라 부른다고 합니다.

적분 기호

적분은 원래 넓이를 구하기 위한 것이고, 본질은 작게 나눈 것을 모아서 더하는 것이라고 앞 절에서 했습니다.

✔ 그림 21-2 적분이란

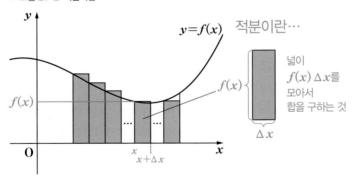

Note≡　Δx(델타 엑스)는 'x의 증가량'을 나타내는 기호였습니다(99쪽).

$f(x)$의 **적분**은 $f(x)\Delta x$를 모아서 합을 구한다는 의미로

$$\int f(x)dx$$

라 씁니다. $\int$은 **인테그랄**(integral)이라고 읽으며, '합계'나 '합'을 나타내는 영어 sum의 첫 글자 s를 위아래로 늘린 모양이라 생각하면 됩니다. dx는 앞에서(99쪽) 설명한 대로 **한없이 작은** Δx를 말합니다.

Note≡ Δx를 한없이 작게 만드는 이유는 올바른 넓이를 구하기 위해서입니다.

❤ 그림 21-3 적분 기호의 탄생

$f(x)\Delta x$의 합

Sum of $f(x)\Delta x$ ➡ $\int f(x)dx$

dx

부정적분 계산 방법

앞 절에서 배운 '미적분의 기본 정리'에 따르면 **적분이란 미분의 역연산**입니다.

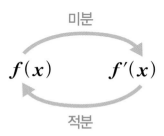

미분

$f(x)$ $f'(x)$

적분

예를 들어

$$(x^2)' = 2x \qquad \boxed{(x^n)' = nx^{n-1}}$$

이므로 $2x$를 적분하면 x^2이 돼야 합니다.

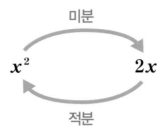

이 내용을 앞에서 나온 기호로 쓰면

$$\int 2x\,dx = x^2$$

이 됩니다.

단, 여기서 한 가지 주의해야 할 점이 있습니다.

상수를 미분하면 0이 되므로(81쪽) 미분해서 $2x$가 되는 것은 x^2만이 아닙니다.
실제로

$$(x^2 + 1)' = 2x + 0 = 2x$$
$$(x^2 + 10)' = 2x + 0 = 2x$$
$$\left(x^2 + \frac{1}{2}\right)' = 2x + 0 = 2x$$

$\boxed{\begin{array}{c} C\text{가 상수일 때} \\ (C)' = 0 \end{array}}$

입니다.

즉,

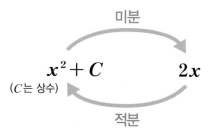

에 따르면

$$\int 2x\,dx = x^2 + C \quad (C\text{는 상수})$$

입니다!

일반적으로

$$(x^n + C)' = nx^{n-1} + 0 = nx^{n-1}$$

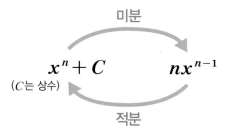

이므로

$$\int nx^{n-1}\,dx = x^n + C \quad (C\text{는 상수})$$

라는 것을 알 수 있습니다!

하지만 앞 식은, 예를 들어 x^3을 적분하려고 할 때는 바로 사용하기 쉽지 않습니다. x^3은 nx^{n-1} 형태가 아니기 때문입니다.

$$\int \bigcirc x^3 dx = ?$$

$\mathbf{n}$이 없다!

그러니 무엇을 미분하면 x^3이 되는지 다시 생각해봅시다.

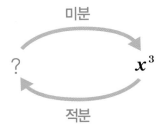

다음과 같이 생각합니다.

$$(x^4)' = 4x^3$$

$\times \dfrac{1}{4}$ $\qquad$ $\times \dfrac{1}{4}$

$$(x^4)' \times \frac{1}{4} = 4x^3 \times \frac{1}{4}$$

$(x^n)' \times k = (kx^n)' = knx^{n-1}$
[k는 상수]

$$\left(\frac{1}{4}x^4\right)' = x^3$$

상수 C 항을 더한 식으로 바꾸면

$$\left(\frac{1}{4}x^4 + C\right)' = x^3 + 0 = x^3$$

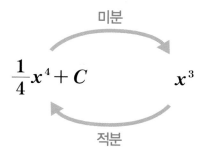

이므로

$$\int x^3 dx = \frac{1}{4}x^4 + C \quad (C\text{는 상수})$$

임을 알 수 있습니다.

마찬가지로 **무엇을 미분하면 x^n이 되는지 생각해봅시다.**

$$(x^{n+1})' = (n+1)x^{n+1-1}$$
$$(x^{n+1})' = (n+1)x^n$$

$\boxed{\times \dfrac{1}{n+1}}$ $\qquad$ $\boxed{\times \dfrac{1}{n+1}}$

$$(x^{n+1})' \times \frac{1}{n+1} = (n+1)x^n \times \frac{1}{n+1}$$
$$\left(\frac{1}{n+1}x^{n+1}\right)' = x^n$$

마찬가지로 상수 C 항을 더한 식으로 바꾸면

$$\left(\frac{1}{n+1}x^{n+1} + C\right)' = x^n + 0 = x^n$$

입니다.

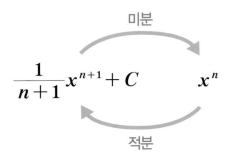

이렇게 다음 공식을 유도할 수 있습니다.

$$\int x^n dx = \frac{1}{n+1}x^{n+1} + C \quad (C는 \ 상수)$$

C는 적분해서 나타나는 상수로 '적분상수'라고 부릅니다. 또한, 이 C는 0이든 1이든 10이든 0.1이든 상수라면 뭐든 상관없으므로 우변은 한 가지로 정해지지 않습니다. 그런 의미에서 이 적분을 '부정적분'이라고 부릅니다.

값이 하나로 정해지는 '정적분'은 이제부터 배웁니다.

요점 정리 **부정적분 공식**

$$\int x^n dx = \frac{1}{n+1}x^{n+1} + C \quad (C는 \ 적분상수)$$

원시함수는 조상님?

지금까지 배운 내용을 정리하면 이렇습니다!

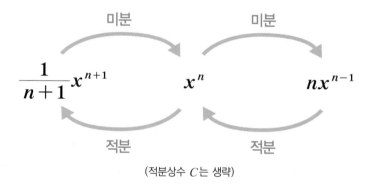

(적분상수 C는 생략)

$f(x)$를 미분한 결과로 나오는 함수는 $f'(x)$라 표기하고 '도함수'라고 했습니다. 그렇다면 $f(x)$를 적분한 결과로 나오는 함수에도 기호와 이름이 필요합니다. 물론 이미 있습니다!

$f(x)$를 적분한 결과로 나오는 함수는 $F(x)$라 표기하고 **원시함수**(primitive function)라 부릅니다. 필자의 경우 '$f(x)$의 자손이 도함수 $f'(x)$이고 $f(x)$의 조상이 원시함수 $F(x)$다'라는 식으로 기억하고 있습니다.

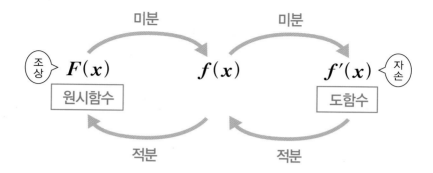

즉,

$$f(x) = x^n$$

일 때

$$F(x) = \frac{1}{n+1}x^{n+1}$$

입니다.

'$f(x)$의 원시함수는 $F(x)$이다'와 '$F(x)$를 미분하면 $f(x)$를 얻을 수 있다'는 같은 의미이므로 $f(x)$의 원시함수 중 한 가지 $F(x)$를 찾아냈다면 이 함수에 상수 C를 더한 $F(x)+C$도 $f(x)$의 원시함수입니다.

예를 들어

$$F(x) = x^2 \quad \Rightarrow \quad F'(x) = 2x$$

이므로 x^2은 $2x$의 원시함수(중 하나)이며, x^2+1, x^2+10, x^2+100도 모두 $2x$의 원시함수입니다. 즉, **하나의 함수에 대해 원시함수는 무수히 많습니다.**

정적분이란

정적분이란 다음과 같이 정의되는 계산을 가리킵니다.

요점 정리 정적분의 정의

$f(x)$의 원시함수 $F(x)$에 대해

$$\boldsymbol{F(b) - F(a)}$$

의 계산을 '$f(x)$를 피적분함수로 하는 $x=a$부터 $x=b$까지의 정적분'이라 부르고

$$\int_a^b \boldsymbol{f(x)dx} = \boldsymbol{[F(x)]_a^b} = \boldsymbol{F(b) - F(a)}$$

로 표기합니다.

'피적분함수 = 적분되는 함수(원래 함수)'입니다.

어쩐지 무시무시하긴 하지만 실제로 해보면 별것 없습니다. 요약하면 $f(x)$의 원시함수 $F(x)$의 x에 b를 대입한 값에서 a를 대입한 값을 빼면 된다는 말입니다.

바로 해봅시다.

Note≡ $f(x)$를 부정적분해서 원시함수 $F(x)$를 구하면 적분상수 C가 붙습니다. 하지만 $F(b)-F(a)$를 계산하면 다음과 같이 C가 사라지므로, 일반적으로는 [ ] 안의 $F(x)$는 처음부터 C를 생략한 형태로 표기합니다.

$$F(b)-F(a) = (b^2+C)-(a^2+C) = b^2-a^2$$

예) x^2을 $x=1$부터 $x=2$까지 정적분합니다.

$$\int_1^2 x^2 dx = \left[\frac{1}{3}x^3\right]_1^2$$

$$\int_x^b f(x)dx = [F(x)]_a^b = F(b)-F(a)$$

$$= \frac{1}{3}\cdot 2^3 - \frac{1}{3}\cdot 1^3$$

$\int x^2 dx = \frac{1}{2+1}x^{2+1}+C = \frac{1}{3}x^3+C$
이지만 [ ] 안에는 C를 생략하고 씁니다.

$$= \frac{8}{3} - \frac{1}{3}$$

$$= \frac{7}{3}$$

$F(x) = \frac{1}{3}x^3$
이므로 $F(2)-F(1)$

$F(b)-F(a)$의 의미

$F(x)$가 $f(x)$의 원시함수일 때 $F(b)-F(a)$가 그림 21-4의 넓이 S를 나타낸다는 것은 앞 절에서 '미적분의 기본 정리'로 배운대로지만, 적분과 넓이에 관해서는 다음에 자세히 설명합니다.

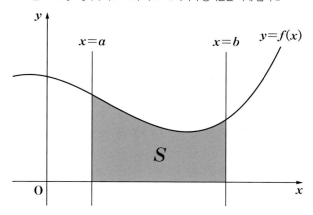

❤ 그림 21-4 $y=f(x)$의 $x=a$부터 $x=b$까지의 정적분은 아래 넓이 S

여기까지 이해했다면 절 시작에 있던 문제는 간단합니다.

문제는 235쪽

해답 (1) $\displaystyle\int_a^b f(x)dx + \int_b^c f(x)dx = \int_a^c f(x)dx$

를 증명합니다. $f(x)$의 원시함수를 $F(x)$라 하면 $f(x)$의 부정적분은

$$\int f(x)dx = F(x) + C$$

입니다. 이에 따라

$$
\begin{aligned}
(좌변) &= \int_a^b f(x)dx + \int_b^c f(x)dx = [F(x)]_a^b + [F(x)]_b^c \\
&= F(b) - F(a) + F(c) - F(b) \\
&= F(c) - F(a) \quad \cdots ①
\end{aligned}
$$

$$(우변) = \int_a^c f(x)dx = [F(x)]_a^c = F(c) - F(a) \quad \cdots ②$$

식 ①과 ②로 '좌변＝우변'이 됐습니다. (증명 끝)

다음은

(2) $-\displaystyle\int_a^b f(x)dx = \int_b^a f(x)dx$

를 증명합니다. (1)과 마찬가지로 원시함수 $F(x)$를 사용하면

$$(좌변) = -\int_a^b f(x)dx = -[F(x)]_a^b = -\{F(b)-F(a)\}$$
$$= F(a)-F(b)　\cdots ③$$

$$(우변) = \int_b^a f(x)dx = [F(x)]_b^a = F(a)-F(b)　\cdots ④$$

식 ③과 ④로 '좌변＝우변'이 됐습니다. (증명 끝)

여기서 증명한 두 식은 정적분 계산을 즐겁게 만드는 공식(기법)입니다.

이 공식은 다음과 같이 그림으로도 기억해둡시다.

▼ 정적분의 기본 공식

사라진다!

(1) $\displaystyle\int_a^b f(x)dx + \int_b^c f(x)dx = \int_a^c f(x)dx$

(2) $-\displaystyle\int_a^b f(x)dx = \int_b^a f(x)dx$

뒤집어진다!

그러면 실제로 예를 들어 한 번 사용해봅시다.

예)

공식 (2)

$$\int_0^5 x^4 dx - \int_1^5 x^4 dx = \int_0^5 x^4 dx + \int_5^1 x^4 dx$$

공식 (1)

$$= \int_0^1 x^4 dx$$

$$= \left[\frac{1}{5} x^5 \right]_0^1$$

$$= \frac{1}{5} \cdot 1^5 - \frac{1}{5} \cdot 0^5$$

$F(x) = \frac{1}{5} x^5$

에서 $F(1) - F(0)$

$$= \frac{1}{5}$$

Note≡ 이 공식을 모른다면 조금 전 적분은 다음과 같이 계산해야 돼서 조금 귀찮습니다.

$$\int_0^5 x^4 dx - \int_1^5 x^4 dx = \left[\frac{1}{5} x^5 \right]_0^5 - \left[\frac{1}{5} x^5 \right]_1^5$$

$$= \frac{1}{5} \cdot 5^5 - \frac{1}{5} \cdot 0^5 - \left(\frac{1}{5} \cdot 5^5 - \frac{1}{5} \cdot 1^5 \right)$$

미분과 비교하면 적분 계산은 힘들 때가 많습니다. 그래서 여러 가지 기법이 필요하죠. 다음 절에서도 그런 기법을 소개합니다.

22 적분 기법: 치환 적분

보통 함수를 미분하는 것은 어렵지 않습니다. 정의에 따라 평균변화율의 극한을 구하면 되기 때문입니다.

하지만 어떤 함수를 적분하는 것은 대체로 간단하지 않습니다. 비유하자면 완성된 직소 퍼즐을 흐트러뜨리기는 쉬워도 흐트러진 조각을 모아 완성하기는 어려운 것과 같습니다(조금 뒤에 자세히 311쪽).

그래서 적분에는 다양한 계산 기법이 이미 만들어져 있고 이 절에서는 그중 대표적인 기법인 **치환 적분**을 소개합니다.

 다음 부정적분을 구하세요.

$$\int \frac{x}{\sqrt{1-x}}dx$$

치환 적분을 설명하기 전에 먼저 기법을 하나도 사용하지 않고 **부정적분을 구할 수 있는(원시함수를 구할 수 있는) 7가지 함수**를 살펴봅시다. 그다음 적분할 때 기본이 되는 **부정적분의 선형성**을 이야기한 후에 치환 적분을 설명하겠습니다.

여러 가지 부정적분 공식

'미적분의 기본 정리'로부터 적분은 미분의 역연산이므로 미분 계산을 반대로 되짚으면 적분을 구할 수 있습니다.

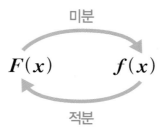

다음은 이 내용을 적용하여 부정적분을 구하는 공식입니다(이어지는 보충 설명 참고). C는 모두 적분상수입니다.

(ⅰ) $\left(\dfrac{1}{n+1} x^{n+1} \right)' = x^n \ \Rightarrow \ \displaystyle\int x^n dx = \dfrac{1}{n+1} x^{n+1} + C \quad (n \neq -1)$

(ⅱ) $(\sin x)' = \cos x \qquad \Rightarrow \ \displaystyle\int \cos x dx = \sin x + C$

(ⅲ) $(\cos x)' = -\sin x \quad \Rightarrow \ \displaystyle\int \sin x dx = -\cos x + C$

(ⅳ) $(\tan x)' = \dfrac{1}{\cos^2 x} \quad \Rightarrow \ \displaystyle\int \dfrac{1}{\cos^2 x} dx = \tan x + C$

(ⅴ) $(e^x)' = e^x \qquad\qquad \Rightarrow \ \displaystyle\int e^x dx = e^x + C$

(ⅵ) $(a^x)' = a^x \cdot \log a \quad \Rightarrow \ \displaystyle\int a^x dx = \dfrac{1}{\log a} a^x + C \ (a > 0$이면서 $a \neq 1)$

(ⅶ) $(\log x)' = \dfrac{1}{x} \qquad \Rightarrow \ \displaystyle\int \dfrac{1}{x} dx = \log |x| + C$

앞에서 열거한 적분 공식의 보충 설명을 하겠습니다.

(i) $n = -1$일 때, 즉

$$\int x^{-1}dx = \int \frac{1}{x}dx$$

의 적분은 (vii)과 같습니다(다음 설명 참조).

(iii) $(\cos x)' = -\sin x$의 양변에 -1을 곱한 다음 적분합니다.

$$(-\cos x)' = \sin x \quad \Rightarrow \quad \int \sin x\, dx = -\cos x + C$$

(vi) $(a^x)' = a^x \cdot \log a$의 양변을 $\log a$로 나눈 다음 적분합니다.

$$\left(\frac{1}{\log a}a^x\right)' = a^x \quad \Rightarrow \quad \int a^x dx = \frac{1}{\log a}a^x + C$$

(vii) $\frac{1}{x}$의 적분이 $\log x$가 아니라 $\log|x|$가 되는 이유를 조금 더 자세히 알아보겠습니다. 로그함수 부분에서 보았던 것처럼 로그의 진수($\log x$의 x)는 양수여야 합니다. 하지만 $\frac{1}{x}$의 x는 음수일 가능성도 있습니다. 그래서 다음과 같이 생각합니다.

우선 $x < 0$이라 합시다. 이때

$$\{\log(-x)\}' = \frac{1}{-x}\cdot(-x)' = \frac{1}{-x}\cdot(-1) = \frac{1}{x}$$

> 합성함수의 미분(104쪽)에서 배운 '겉미분 · 속미분'을 이용!
> $y = \log(-x),\ u = -x$라 하면
> $$y' = \frac{dy}{dx} = \frac{dy}{du}\cdot\frac{du}{dx} = \frac{d}{du}\log u \cdot \frac{d}{dx}(-x) = (\log u)'\cdot(-x)'$$

또한 $x > 0$일 때는 (188쪽에서 보였듯이)

$$(\log x)' = \frac{1}{x}$$

이므로 결국

$$\int \frac{1}{x}dx = \begin{cases} \log x + C & (x > 0) \\ \log(-x) + C & (x < 0) \end{cases} \quad \cdots \text{①}$$

입니다.

그런데 **절댓값**이라는 것은

$$|\,3\,| = 3, \qquad |-3\,| = 3$$

과 같이 **안쪽이 양수라면 그대로, 음수라면 부호가 변하는 기호**였습니다. 즉,

$$|\,x\,| = \begin{cases} x & (x > 0) \\ -x & (x < 0) \end{cases}$$

가 됩니다. 따라서 절댓값을 취하면 식 ①은

$$\int \frac{1}{x}dx = \log|\,x\,| + C$$

가 됩니다.

'부정적분의 선형성' 덕분이라는 이야기

지금까지 특별히 따지지 않고

$$(2x^3 + 3x^2)' = 2 \cdot 3x^2 + 3 \cdot 2x = 6x^2 + 6x$$

와 같이 계산했는데, 사실 이렇게 계산할 수 있는 것은 당연한 성질이 아닙니다. 이렇게 미분할 수 있는 이유는 **미분의 선형성** 덕분입니다.

요점 정리   **미분의 선형성**

$$\{kf(x) + lg(x)\}' = kf'(x) + lg'(x)$$

$(k, l$은 상수)

Note ≡   미분의 선형성은

$$\lim_{x \to a}\{kf(x) + lg(x)\} = k\lim_{x \to a}f(x) + l\lim_{x \to a}g(x)$$

라는 **극한의 선형성**에서 유래한 성질이며 극한의 선형성은 대학교 수준의 수학으로 극한 자체를 엄밀히 정의하지 않으면 증명할 수 없습니다. 여기서는 '$f(x)$와 $g(x)$를 각각 상수배 한 후 극한을 구한 것과 $f(x)$와 $g(x)$의 극한을 구한 후 각각을 상수배 한 것이 서로 같다'라는 것만 이해해주세요.

$f(x)$, $g(x)$의 원시함수를 각각 $F(x)$, $G(x)$라 하면

$$F'(x) = f(x)$$
$$G'(x) = g(x)$$

이므로 미분의 선형성에 따라 다음과 같이 쓸 수 있습니다.

$$\{kF(x)+lG(x)\}' = kF'(x)+lG'(x) = kf(x)+lg(x)$$

미적분의 기본 정리에 따라 이 결과를 되짚어가면

미분

$$kF(x)+lG(x) \qquad kf(x)+lg(x)$$

적분

$$\int \{kf(x)+lg(x)\}dx$$
$$= kF(x)+lG(x)$$
$$= k\int f(x)dx + l\int g(x)dx$$

$$F'(x)=f(x) \Leftrightarrow \int f(x)dx=F(x)$$
$$G'(x)=g(x) \Leftrightarrow \int g(x)dx=G(x)$$

이렇게 부정적분에도 다음 선형성이 성립함을 알 수 있습니다.

요점 정리   **부정적분의 선형성**

$$\int \{kf(x)+lg(x)\}dx = k\int f(x)dx + l\int g(x)dx$$

$(k, l$은 상수$)$

부정적분의 선형성 덕분에 다음과 같이 계산하는 것이 허용됩니다.

$$\int (2x^3 + 3x^2)dx = 2\int x^3 dx + 3\int x^2 dx$$

$$= 2 \cdot \frac{1}{3+1}x^{3+1} + 3 \cdot \frac{1}{2+1}x^{2+1} + C$$

$$= \frac{2}{4}x^4 + \frac{3}{3}x^3 + C$$

$$= \frac{1}{2}x^4 + x^3 + C$$

C를 잊지 말자!

선형성이란 무엇인가?

갑자기 튀어나온 **선형성**(linearity)을 조금 더 살펴봅시다. 이 내용은 미분·적분과는 깊게 관련이 없으므로 다음 내용이 궁금한 독자는 바로 다음으로 넘어가도 괜찮습니다.

선형성이란 그래프가 선 모양인 함수의 성질이라고 생각해주세요. '그래프가 선 모양인 함수'란 다시 말해 **1차함수**를 말합니다.

일반적으로 1차함수는

$$f(x) = ax + b$$

의 형태를 띠고 있지만, 미분과 부정적분의 '선형성'은 특별히

$$f(x) = ax$$

일 때 성립하는 다음 성질입니다.

$f(x)=ax$일 때

  (1) $\boldsymbol{f(p+q)=a(p+q)=ap+aq=f(p)+f(q)}$

  (2) $\boldsymbol{f(kp)=a(kp)=kap=kf(p)}$

이 (1)과 (2)를 동시에 만족하는 성질을 '선형성'이라 합니다. 이 두 가지 성질을 이용하면 $f(kx+ly)$는 다음과 같습니다.

$$\boldsymbol{f(kx+ly)=f(kx)+f(ly)=kf(x)+lf(y)}$$

미분과 부정적분의 선형성에서 보았던 식과 닮았습니다!

요점 정리   **선형성**

다음 (1)과 (2)가 성립하는 것

$$\text{(1)}\ \boldsymbol{f(p+q)=f(p)+f(q)}$$

$$\text{(2)}\ \boldsymbol{f(kp)=kf(p)}$$

정리하면 $\Rightarrow$ $\boldsymbol{f(kp+lq)=kf(p)+lf(q)}$

참고로 $f(x)=x^2$(2차함수)일 때는 앞에서 살펴본 (1)과 (2)는 둘 다 성립하지 않습니다.

$\left.\begin{array}{l} f(1+2)=(1+2)^2=3^2=9 \\ f(1)+f(2)=1^2+2^2=1+4=5 \end{array}\right\}$ $f(1+2)\neq f(1)+f(2)$ (1) 성립 안 함

$\left.\begin{array}{l} f(2\times3)=(2\times3)^2=6^2=36 \\ 2\times f(3)=2\times3^2=2\times9=18 \end{array}\right\}$ $f(2\times3)\neq2\times f(3)$ (2) 성립 안 함

$f(x)=ax$의 그래프로 선형성의 두 가지 성질을 확인해봅시다.

▼ 그림 22-1 선형성 성질 1

(1) $f(p+q)=f(p)+f(q)$

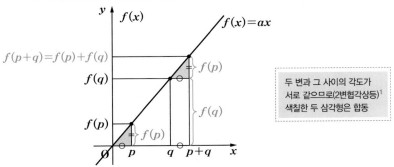

두 변과 그 사이의 각도가
서로 같으므로(2변협각상등)[1]
색칠한 두 삼각형은 합동

▼ 그림 22-2 선형성 성질 2

(2) $f(kp)=kf(p)$

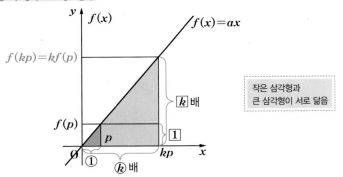

작은 삼각형과
큰 삼각형이 서로 닮음

치환 적분

뜸을 길게 들였습니다. 드디어 이제 치환 적분을 배워봅시다. 치환은 '서로 바꾼다'라는 의미 그대로 수식의 일부분을 다른 문자로 바꾸는 기법입니다.

---

1 역주 우리나라에서는 '2변협각상등' 말고 'SAS합동'이라고 합니다.

이 절의 처음에 보인 7가지 함수의 부정적분과 부정적분의 선형성만으로는, 예를 들어

$$\int \sin(2x+1)dx$$

와 같은 적분은 계산하지 못합니다. 이럴 때 사용하기 위한 적분 계산의 강력한 무기인 치환 적분을 배워봅니다.

먼저 공식을 알아보겠습니다.

> **요점 정리** **치환 적분법 공식**
>
> $x = g(t)$라 하면
>
> $$\int f(x)dx = \int f\{g(t)\}g'(t)dt$$

이 공식은 합성함수의 미분을 되짚어서 보일 수 있습니다.

$f(x)$의 원시함수를 $F(x)$라 하고 다음과 같은 합성함수 $I(t)$가 있다고 합시다.

▼ 그림 22-3 사용할 함수끼리의 관계

$$I(t) = F(g(t))$$

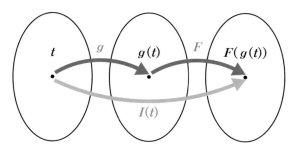

$I(t) = F(g(t))$는 t의 함수(t에 의해 값이 정해지는 수)이므로 양변을 t로 미분합니다.

Note≡ t로 미분한다는 말은 '(입력값인) t의 변화량을 한없이 작게 했을 때 평균변화율의 극한을 생각한다'는 의미입니다. 즉, 이번 경우는

$$\lim_{\Delta t \to 0} \frac{\Delta I}{\Delta t} = \frac{dI}{dt} = \lim_{h \to 0} \frac{I(t+h) - I(t)}{h}$$

를 생각한다는 의미입니다.

합성함수의 미분(104쪽)에 따르면

$$I'(t) = \{F(g(t))\}' = F'(g(t)) \cdot g'(t) \quad \cdots ②$$

입니다. 여기서 $F(x)$는 $f(x)$의 원시함수이므로

$$F'(x) = f(x)$$

이고, $x = g(t)$라 하면 대입해서 다음과 같이 쓸 수 있습니다.

$$F'(g(t)) = f(g(t))$$

따라서 식 ②는 다음과 같습니다.

$$
\begin{aligned}
\{F(g(t))\}' &= F'(g(t)) \cdot g'(t) \\
&= f(g(t)) \cdot g'(t)
\end{aligned}
$$

> $I'(t)$는 이 다음부터 나오지 않으므로 생략함

이렇게 해서

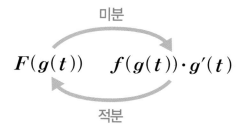

미분

$$F(g(t)) \qquad f(g(t)) \cdot g'(t)$$

적분

임을 알 수 있으므로 C를 적분상수로 하는

$$\int f(g(t)) \cdot g'(t)dt = F(g(t)) + C \quad \cdots ③$$

를 유도할 수 있습니다. 여기서 $g(t)=x$이므로

$$F(g(t)) = F(x)$$

라는 것과

$$\int f(x)dx = F(x) + C \qquad \boxed{F(x)\text{는 } f(x)\text{의 원시함수}}$$

를 사용하면 식 ③은 다음과 같이 변형할 수 있습니다.

$$\begin{aligned} \int f(g(t)) \cdot g'(t)dt &= F(g(t)) + C \\ &= F(x) + C \\ &= \int f(x)dx \end{aligned}$$

이렇게 해서

$$\int f(x)dx = \int f\{g(t)\}g'(t)dt \quad \cdots ④$$

입니다!

식 ④는 약간 복잡해 보일지 모르지만 다음과 같이 생각하면 외울 필요없이 바로 유도할 수 있습니다.

$x = g(t)$를 t에 대해 미분합니다.

$$\frac{dx}{dt} = g'(t)$$

여기서 $\frac{dx}{dt}$를 분수처럼 사용하여

$$\frac{y}{x} = k$$
$$\Rightarrow \quad y = kx$$

$$dx = g'(t)dt$$

를 식 ④의 좌변에 대입하면 끝입니다.

$$x = g(t)$$

$$\int f(x)dx = \int f(g(t))g'(t)dt$$

$$dx = g'(t)dt$$

앞에서 두 쪽에 걸쳐 '증명'한 결과는 암기하지 않고서도 이렇게 바로 유도할 수 있습니다! 이렇게 하면 **확실하게 기억할 수 있겠죠!**

그러면 실제로 사용해봅시다.

$$\int \sin(2x+1)dx \quad \cdots ⑤$$

에서

$$t = 2x + 1$$

이라 하면

$$2x = t - 1$$
$$\Rightarrow \quad x = \frac{t-1}{2}$$

$$x = \frac{1}{2}t - \frac{1}{2}$$

이므로 양변을 t로 미분해서

$$\frac{dx}{dt} = \frac{1}{2} \cdot 1 - 0 = \frac{1}{2}$$

$$\Rightarrow \quad dx = \frac{1}{2}dt$$

로 변형할 수 있습니다. 식 ⑤에 대입하면 다음과 같이 구할 수 있습니다.

$$\int \sin(2x + 1)dx = \int \sin t \cdot \frac{1}{2}dt$$

$$2x + 1 = t$$
$$dx = \frac{1}{2}dt$$

$$= \int \frac{1}{2}\sin t\, dt$$

부정적분의 선형성
$$\int kf(x)dx = k\int f(x)dx$$
을 사용

$$= \frac{1}{2}\int \sin t\, dt$$

(ⅲ)
$$\int \sin x\, dx = -\cos x + C$$

$$= \frac{1}{2}\{(-\cos t) + C\}$$

$$= -\frac{1}{2}\cos t + C$$

$$= -\frac{1}{2}\cos(2x + 1) + C$$

여기는 C가 아니라 $\dfrac{C}{2}$ 아닌가?라고 생각하는 사람도 있겠지만 적분상수의 C는 '값을 알 수 없는 상수'라는 의미밖에 없으므로 일반적으로는 굳이 $\dfrac{C}{2}$라고 쓰지 않습니다.
C는 그저 '여기에 상수가 붙습니다'라는 것을 암묵적으로 나타내는 기호라고 생각하세요.

그러면 절 시작에 있던 문제를 풀어봅시다.

해답
$$\int \frac{x}{\sqrt{1-x}} dx \quad \cdots ⑥$$

에서

$$t = \sqrt{1-x}$$

로 둡시다.

$$t^2 = 1-x$$

$$x = 1-t^2$$

양변을 t로 미분하면

상수 미분은 0
$$(1)' = 0$$

$$\frac{dx}{dt} = 0-2t$$

$$= -2t$$

$$\Rightarrow \quad dx = -2tdt$$

이 식을 식 ⑥에 대입합니다.

$$\int \frac{x}{\sqrt{1-x}} dx = \int \frac{1-t^2}{t}(-2tdt)$$

$$\sqrt{1-x} = t$$
$$dx = -2dt$$

$$= \int (1-t^2)(-2)dt$$

$$= \int 2(t^2-1)dt$$

$$= 2\int (t^2-1)dt$$

$$= 2\left(\frac{1}{3}t^3 - t + C\right)$$

$t = \sqrt{1-x}$

$$= \frac{2}{3}t^3 - 2t + C$$

여기도 $2C$라 할 필요가 없음

$$= \frac{2}{3}(\sqrt{1-x})^3 - 2\sqrt{1-x} + C$$

$$= \frac{2}{3}(1-x)\sqrt{1-x} - 2\sqrt{1-x} + C$$

$\sqrt{a}^3 = \sqrt{a}^2 \cdot \sqrt{a} = a\sqrt{a}$

도중에 부정적분의 선형성을 적절하게 사용했습니다.

이 문제는 $1-x$를 t로 치환해서 계산할 수도 있습니다.

《다른 풀이》

$$\int \frac{x}{\sqrt{1-x}}dx \quad \cdots ⑥$$

에서

$$t = 1-x$$

로 둡니다. 그다음 x에 대해 식을 변형합니다.

$$x = 1-t$$

양변을 t로 미분하면 다음과 같습니다.

$$\frac{dx}{dt} = 0 - 1 = -1$$

$$\Rightarrow \quad dx = -dt$$

이 식을 식 ⑥에 대입합니다.

$$\int \frac{x}{\sqrt{1-x}}dx = \int \frac{1-t}{\sqrt{t}}(-dt)$$

$$\boxed{\begin{aligned}1-x &= t \\ dx &= -dt\end{aligned}}$$

$$= \int \frac{t-1}{\sqrt{t}}dt$$

$$= \int \left(\frac{t}{\sqrt{t}} - \frac{1}{\sqrt{t}}\right)dt$$

$$= \int \left(\sqrt{t} - \frac{1}{\sqrt{t}}\right)dt$$

$$\boxed{\sqrt{a} = a^{\frac{1}{2}}}$$

$$= \int \left(t^{\frac{1}{2}} - \frac{1}{t^{\frac{1}{2}}}\right)dt$$

$$\boxed{\frac{1}{a^n} = a^{-n}}$$

$$= \int \left(t^{\frac{1}{2}} - t^{-\frac{1}{2}}\right)dt$$

$$\boxed{\int x^n dx = \frac{1}{n+1}x^{n+1} + C}$$

$$= \frac{1}{\frac{1}{2}+1}t^{\frac{1}{2}+1} - \frac{1}{-\frac{1}{2}+1}t^{-\frac{1}{2}+1} + C$$

$$= \frac{1}{\frac{3}{2}}t^{\frac{3}{2}} - \frac{1}{\frac{1}{2}}t^{\frac{1}{2}} + C$$

$$\boxed{\frac{1}{\frac{b}{a}} = 1 \div \frac{b}{a} = \frac{a}{b}}$$

$$= \frac{2}{3}t^{\frac{3}{2}} - 2t^{\frac{1}{2}} + C$$

$$\boxed{a^{\frac{3}{2}} = a^{1+\frac{1}{2}} = a \cdot a^{\frac{1}{2}} = a\sqrt{a}}$$

$$= \frac{2}{3}t\sqrt{t} - 2\sqrt{t} + C$$

$$\boxed{t = 1-x}$$

$$= \frac{2}{3}(1-x)\sqrt{1-x} - 2\sqrt{1-x} + C$$

23절에서는 적분의 주 무대인 넓이를 정적분에 치환 적분을 사용해서 구할 겁니다.

조금 옆길로 새기 ②: 기호의 왕 라이프니츠

연속과 이산 모두를 끝낸 드문 인물

17~18세기 독일에서 활약한 **고트프리트 빌헬름 라이프니츠(1646−1716)**는 재능이 매우 많은 사람이었습니다. 라이프니츠가 그의 명성을 후세에 남길 정도로 업적을 쌓은 분야는 수학 외에도 법률학, 역사학, 문학, 논리학, 철학 등 놀랄 정도로 많습니다.

수학에서도 라이프니츠는 **미적분**과 **조합이론**이라는 대조적인 두 분야에서 눈부신 성과를 거뒀습니다. 미적분이 다루는 수는 기본적으로 **연속하는 수**(그래프가 부드럽게 연결되는 함수)인데 반해, 조합이론은 1, 2, 3, …으로 끊어지며 계속되는 자연수가 기본입니다. 자연수는 수직선에서도 띄엄띄엄 존재하는 수이므로 **이산적(불연속)**인 수입니다.

예로부터 **연속적인 수를 다루는 분야**와 **이산적인 수를 다루는 분야**는 수학계를 지탱하는 두 축이었습니다.

수학자(를 지망하는 사람)는 처음 학문을 시작할 때 어느 분야를 전문으로 할지 선택하는 게 보통이었습니다. 마치 프로 음악가가 되려는 사람이 처음에 악기를 선택하는 것과 비슷할지도 모르겠습니다.

프로 음악가 중에서는 건반악기(피아노 등)와 현악기(바이올린 등) 모두에서 일류 연주가가 된 예는 거의 없습니다.

이와 마찬가지로 과거에 연속과 이산 두 분야 모두에서 영원히 전해지는 위대한 성과를 거둔 수학자는 거의 없습니다.

❤ 그림 B-1 연속과 이산

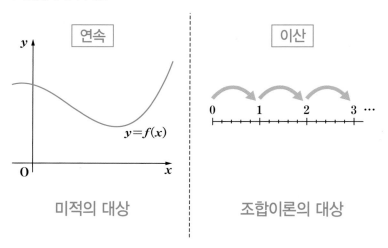

그런 의미에서 라이프니츠는 유일하게 예외라고 해도 좋습니다.

Note≡ 오늘날 수학자의 주요한 일은 이 두 분야를 통합해서 포괄적인 수학을 만드는 것입니다.

그런 라이프니츠를 칭하는 단어는 '지식의 거인', '만능인', '보편적 천재' 등 여러 가지가 있지만, 이왕이면 **기호의 왕**이라고 부르고 싶습니다.

'기호의 왕? 좀 더 좋은 이름으로 불러줬으면 좋겠는데?'

라고 생각할지도 모르겠지만 라이프니츠는 '겨우 기호라고 무시하면 안 된다'고 이야기했습니다.

왜 라이프니츠는 미적분의 기호를 고안할 수 있었는가?

지금까지 이 책에서 사용한 미적분 기호

$$\frac{dy}{dx} \qquad \int f(x)dx$$

는 라이프니츠가 고안한 것입니다.

라이프니츠가 고안한 후 300년 이상이나 사용되었으며 아마도 앞으로도 계속 사용될 미적분 기호를 고안할 수 있었던 것은 우연이 아닙니다. 라이프니츠는 원래 '기호'에 남다른 관심과 기대가 있었습니다.

라이프니츠가 심혈을 기울인 '조합이론'은 오늘날 **기호논리학**(symbolic logic)의 단초가 됐습니다. 라이프니츠는 연구 중에 기호를 통해 추론을 수행하는 방법을 모색했습니다. 다음은 라이프니츠가 20살 때 작성한 **조합술**('결합법론'이라고 번역될 때도 있음)의 한 구절입니다.

> 이성의 모든 진리가 일종의 계산으로 환원되는 것과 같은 일반적인 방법인 동시에 이것은 일종의 보편적 언어나 기호지만, 지금까지 고안된 모든 같은 종류의 것과는 완전히 다르다. 그 안에 기호·언어까지도 이성을 유도하기 때문이다. 그리고 오류는 사실의 오류를 제외하고는, 단순히 계산 실수에 지나지 않게 된다. 이 언어나 기호법을 조형하거나 발명하는 것은 상당히 까다롭지만, 그것을 이해하는 것은 지극히 쉬우며 어떤 사전도 필요치 않다.

이 내용은 〈수학을 만든 사람들 (상)〉(미래사, 2002)에서 인용했습니다.

즉, 라이프니츠는 수학 계산과 같은 추론을 수행하는 기호를 발명하려고 했습니다. 그 기호를 사용하면 **고도의 고찰을 필요로 하는 추론도 단순 작업이 되고, 더 나아가 틀린 추론이 원리적으로 일어나지 않도록 할 수 있어야** 했습니다. 하지만 아쉽게도 라이프니츠는 자신의 뜻을 이루지 못합니다. 그의 꿈을 이어간 사람은 사실상 기호논리학의 시조인 이탈리아의 **조지 불**(1815–1864)이었습니다.

그 간극이 무려 약 200년인 것을 보면 라이프니츠의 꿈이 얼마나 크고 깊었는지 알 수 있습니다.

그가 발명한 미적분 기호를 사용하면 **합성함수의 미분**(104쪽)**이나 치환 적분**(250쪽) 등을 직관적으로 다룰 수 있다는 것을 이미 살펴보았습니다. 이 기호는 라이프니츠가 기호에 실은 꿈을 현실화했다고도 할 수 있습니다. 그리고 실제로 계산할 때 볼 수 있는 은혜도 헤아릴 수 없습니다.

기호에서 '미적분의 기본 정리'를 유도한 라이프니츠

앞에서 이야기한 대로 뉴턴과 라이프니츠는 **미적분의 기본 정리**를 발견하여 '미적분의 창시자'라 불립니다(222쪽). 하지만 두 사람은 협력해서 이 정리에 도달한 것이 아닙니다. 거의 같은 시기에 전혀 다른 접근 방법으로 각자 유도했습니다.

뉴턴이 운동학적인 고찰(물리적인 고찰)을 통해서 '미적분의 기본 정리'에 도달한 데 반해, 라이프니츠는 앞에서 이야기한 보편적인 기호법을 모색하는 도중에 이 정리를 발견했습니다. '기호'를 생각하다 새로운 시대의 문을 여는 진리에 도달합니다. 이 점에서 역시 라이프니츠는 '기호의 왕'입니다!

23 정적분 응용하기 1: 넓이 구하기

이 절에서는 적분이 주 무대에서 활약하는 모습을 살펴봅니다. 적분의 주 무대는 바로 넓이를 구하는 것입니다!

 문제 그림 23-1과 같이 $y = \dfrac{1}{1+x^2}$, $x=1$, x축과 y축으로 둘러싸인 부분의 넓이를 구하세요.

▼ 그림 23-1 구해야 할 넓이 S

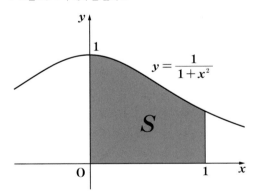

적분을 모른다면 포기할 수밖에 없는 이런 도형의 넓이도 적분을 사용하면 제대로 구할 수 있습니다. 단, **정적분의 치환 적분**이 필요합니다.

답을 구하기까지 계산량이 조금 많긴 하지만 계산 결과는 매우 뜻밖의 '진실'을 알려줍니다.

정적분과 넓이

$F(x)$가 $f(x)$의 원시함수일 때 $F(b) - F(a)$는 그림 23-2의 넓이를 가리킨다고 **미적분의 기본 정리**(218쪽)에서 배웠습니다.

▼ 그림 23-2 정적분으로 넓이를 구한다

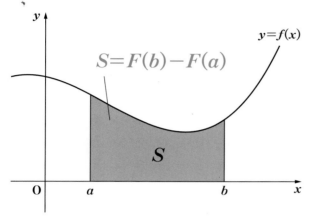

또한, 정적분의 정의(245쪽)에 따라

$$\int_a^b f(x)dx = F(b) - F(a)$$

였습니다. 이 내용을 다음과 같이 정리할 수 있습니다.

요점 정리   **정적분으로 넓이를 구하는 방법**

$y = f(x)$와 $x = a$, $x = b$ $(a < b)$ 그리고 x축으로 둘러싸인 도형의 넓이 S는 다음 정적분으로 구할 수 있습니다.

$$S = \int_a^b f(x)dx$$

혹시나 아직도 '진짜로?'라고 의심하는 독자가 있을지도 모르므로(수학에서는 항상 의심해야 합니다!), 적분을 사용하지 않고도 넓이를 구할 수 있는 도형으로 앞에서 설명한 내용이 맞는지 확인해봅시다.

다음 그림의 넓이 S를 구해봅시다.

▼ 그림 23-3 $y=x$, $x=1$, $x=3$ 그리고 x축으로 둘러싸인 도형의 넓이 S

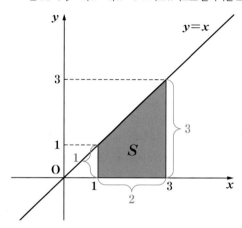

그림 23-3의 도형은 윗변이 1, 밑변이 3, 높이가 2인 사다리꼴이므로

$$S = (1+3) \times 2 \div 2 = 4$$

로 계산하면 넓이 S는 4입니다.

그러면 정적분으로도 S를 구해봅시다.

S는 $f(x)=x$, $x=1$, $x=3$ 그리고 x축으로 둘러싸인 도형이므로

$$S = \int_1^3 x\,dx$$

$$= \left[\frac{1}{2}x^2\right]_1^3 = \frac{1}{2} \cdot 3^2 - \frac{1}{2} \cdot 1^2$$

$$= \frac{9}{2} - \frac{1}{2} = \frac{8}{2} = 4 \qquad \boxed{맞다!}$$

아르키메데스의 구적법 검산

223쪽에서 소개한 아르키메데스의 구적법(소진법)으로 아르키메데스는 그림 23-4와 같은 포물선과 직선으로 둘러싸인 부분(색칠한 부분)의 넓이가 $\frac{4}{3}$이라고 답을 냈습니다.

❤ 그림 23-4 포물선과 직선으로 둘러싸인 부분

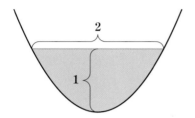

이 답이 맞는지 정적분으로 확인해봅시다. 그림 23-4의 넓이는 다음과 같이 ◣◢(포물선 내부)=▬(사각형)−◣◢(포물선 아래)로 생각하여 구할 수 있습니다.

❤ 그림 23-5 포물선 안쪽 넓이는 직사각형에서 포물선 아래 넓이를 뺀 만큼이다

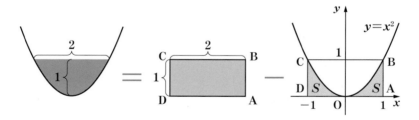

직사각형 ABCD에서 빼는 넓이를 정적분으로 구합니다. 빼는 넓이는 포물선 아래 넓이이므로 포물선이 좌우 대칭이라는 점을 고려해 x축 양수 부분과 음수 부분 넓이를 각각 S라 합시다.

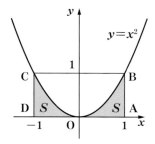

x축 양수 부분(오른쪽)의 S는 $y=x^2$, $x=0(y$축$)$, $x=1$ 그리고 x축으로 둘러 싸인 넓이이므로 다음과 같이 구할 수 있습니다.

$$S = \int_0^1 x^2 dx = \left[\frac{1}{3}x^3 \right]_0^1 = \frac{1}{3} \cdot 1^3 - \frac{1}{3} \cdot 0^3 = \frac{1}{3}$$

$$\begin{aligned} S &= \int_a^b f(x)dx \\ &= [F(x)]_a^b \\ &= F(b) - F(a) \end{aligned}$$

직사각형 ABCD의 넓이는

$$2 \times 1 = 2$$

이므로 이 두 결과로 색칠한 부분의 넓이를 구할 수 있습니다.

$$= \square \text{ABCD} - 2S$$
$$= 2 - 2 \times \frac{1}{3}$$
$$= 2 - \frac{2}{3}$$
$$= \frac{6}{3} - \frac{2}{3}$$
$$= \frac{4}{3}$$

$$S = \frac{1}{3}$$

역시 아르키메데스는 옳았음을 알 수 있습니다!

정적분의 치환 적분

앞 절에서 부정적분의 치환 적분을 공부했는데 정적분에서도 치환 적분을 할 수 있습니다. 단, 정적분의 치환 적분에는 한 가지 과정이 추가되므로 주의해야 합니다(조금 뒤에 설명합니다). 여기서는 정적분

$$\int_0^r \sqrt{r^2 - x^2}\, dx \quad (r은\ r > 0인\ 상수)$$

를 살펴봅시다.

$\sqrt{r^2 - x^2}$의 원시함수를 바로 알 수는 없으므로 치환 적분을 사용하여 계산해 봅시다. 그런데 뭘 어떻게 치환하면 좋을까요?

사실 $\sqrt{r^2 - x^2}$을 포함하는 정적분은 $x = r \sin \theta$로 두면 적분을 쉽게 할 수 있습니다. 앞에서도 이야기했던 대로 적분 계산은 일반적으로 어려워서 여러 가지 기법이 필요하지만 이 치환은 이공계 대학 수험생에게는 잘 알려진 기법 중 하나입니다.

이제 '적분을 쉽게 할 수 있다'는 것을 보이겠습니다.

$$x = r\sin\theta \quad \cdots ①$$

라 둡시다. 양변을 θ로 미분하면

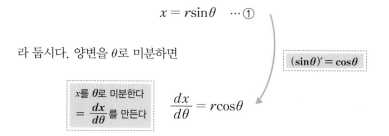

$(\sin\theta)' = \cos\theta$

x를 θ로 미분한다
$= \dfrac{dx}{d\theta}$를 만든다

$$\frac{dx}{d\theta} = r\cos\theta$$

이며, 라이프니츠 기호의 은혜로

$$dx = r\cos\theta \cdot d\theta \quad \cdots ②$$

라 변형합시다.

자, 여기부터가 **부정적분의 치환 적분에는 없었던 과정**입니다.

이번 문제는 적분 구간이 x에 대해 $0 \rightarrow r$입니다. 식 ①과 같이 치환했을 때 θ에 대해 x의 범위가 어떻게 변하는지를 조사합니다.

식 ①에서 $x = 0$일 때

$$0 = r\sin\theta \quad \Rightarrow \quad \sin\theta = 0$$

$x = r$일 때

$$r = r\sin\theta \quad \Rightarrow \quad \sin\theta = 1$$

입니다. 여기서 잠깐 되돌아가 보면 **삼각함수의 정의** 그림(119쪽)은

❤ 그림 23-7 반지름이 1인 원에서 정의되는 삼각함수

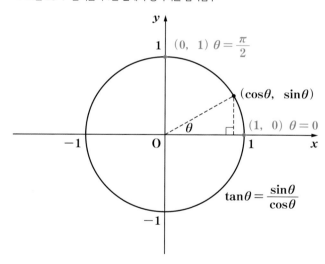

였습니다. $\sin\theta$는 y좌표이므로 그림 23-7에서

$$\sin\theta = 0 \quad \Rightarrow \quad \theta = 0$$

$$\sin\theta = 1 \quad \Rightarrow \quad \theta = \frac{\pi}{2}$$

$$\boxed{\frac{\pi}{2} = 90°}$$

임을 알 수 있습니다. 즉, 다음과 같습니다.

$$x = 0 \quad \Rightarrow \quad \sin\theta = 0 \quad \Rightarrow \quad \theta = 0$$

$$x = r \quad \Rightarrow \quad \sin\theta = 1 \quad \Rightarrow \quad \theta = \frac{\pi}{2} \quad \cdots ③$$

❤ 표 23-1 치환 적분으로 계산하기 위한 적분 범위 변환

이런 표를 만드는 게
정적분 치환 적분의 특징!

x	0	→	r
θ	0	→	$\dfrac{\pi}{2}$

식 ①~③을 대입합니다.

$$x = r\sin\theta$$

$$\int_0^r \sqrt{r^2 - x^2}\,dx = \int_0^{\frac{\pi}{2}} \sqrt{r^2 - (r\sin\theta)^2}\,r\cos\theta \cdot d\theta$$

$$dx = r\cos\theta \cdot d\theta$$

정적분의 치환 적분에서는 **적분 구간도 변하므로** 주의해야 합니다.

$$= \int_0^{\frac{\pi}{2}} \sqrt{r^2 - r^2 \sin^2\theta}\, r\cos\theta \cdot d\theta$$

삼각함수의 상호 관계(120쪽)
$$\cos^2\theta + \sin^2\theta = 1$$
$$\Rightarrow \quad 1 - \sin^2\theta = \cos^2\theta$$

$$= \int_0^{\frac{\pi}{2}} \sqrt{r^2(1 - \sin^2\theta)}\, r\cos\theta \cdot d\theta$$

$$= \int_0^{\frac{\pi}{2}} \sqrt{r^2\cos^2\theta}\, r\cos\theta \cdot d\theta$$

$$= \int_0^{\frac{\pi}{2}} r\cos\theta \cdot r\cos\theta \cdot d\theta$$

$$= \int_0^{\frac{\pi}{2}} r^2\cos^2\theta \cdot d\theta$$

$$= r^2 \int_0^{\frac{\pi}{2}} \cos^2\theta\, d\theta \quad \cdots ④$$

훨씬 깔끔해졌는데 여기서 갑자기 손이 멈춥니다.

사실 이 적분을 계속하려면 조금 더 손을 봐야합니다.

삼각함수 부분 문제(124쪽)에서

$$\cos(\alpha + \beta) = \cos\alpha\cos\beta - \sin\alpha\sin\beta$$

임을 증명했습니다. 이 식에서 $\alpha = \beta = \theta$라 하면 다음처럼 변형할 수 있습니다.

$$\cos(\theta + \theta) = \cos\theta\cos\theta - \sin\theta\sin\theta$$

위 식을 정리합니다.

$$\cos 2\theta = \cos^2\theta - \sin^2\theta$$
$$= \cos^2\theta - (1 - \cos^2\theta)$$
$$= 2\cos^2\theta - 1$$

$$\cos^2\theta + \sin^2\theta = 1$$
$$\Rightarrow \quad \sin^2\theta = 1 - \cos^2\theta$$

이 식을 조금 더 변형해서 $\cos^2\theta$가 좌변에 오도록 하면

$$\cos^2\theta = \frac{\cos 2\theta + 1}{2}$$

가 됩니다. 이 식을 식 ④에 대입합니다.

$$r^2 \int_0^{\frac{\pi}{2}} \cos^2\theta \, d\theta = r^2 \int_0^{\frac{\pi}{2}} \frac{\cos 2\theta + 1}{2} d\theta$$

$$= \frac{r^2}{2} \int_0^{\frac{\pi}{2}} (\cos 2\theta + 1) d\theta \quad \cdots ⑤$$

이 부분이 좀 어렵지만 힘내세요!

여기서

$$(\sin 2\theta)' = \cos 2\theta \cdot (2\theta)' = \cos 2\theta \cdot 2$$

합성함수의 미분(104쪽) 겉미분·속미분

이므로 양변을 2로 나누면

$$\left(\frac{1}{2}\sin 2\theta\right)' = \cos 2\theta$$

가 되는 것에 주의하여 적분하면

$$\int \cos 2\theta \, d\theta = \frac{1}{2}\sin 2\theta \quad \text{(적분상수 } C \text{는 생략)}$$

가 됩니다. 따라서 식 ⑤는

$$\frac{r^2}{2}\int_0^{\frac{\pi}{2}}(\cos 2\theta + 1)d\theta = \frac{r^2}{2}\left[\frac{1}{2}\sin 2\theta + \theta\right]_0^{\frac{\pi}{2}}$$

$$F\left(\frac{\pi}{2}\right) - F(0)$$

$$= \frac{r^2}{2}\left\{\left(\frac{1}{2}\sin 2\cdot\frac{\pi}{2} + \frac{\pi}{2}\right) - \left(\frac{1}{2}\sin 2\cdot 0 + 0\right)\right\}$$

$$= \frac{r^2}{2}\left\{\left(\frac{1}{2}\sin\pi + \frac{\pi}{2}\right) - \left(\frac{1}{2}\sin 0 + 0\right)\right\}$$

$$\begin{array}{l}\pi = 180° \\ \hline \sin\pi = 0 \\ \sin 0 = 0\end{array}$$

$$= \frac{r^2}{2}\cdot\left\{\left(0 + \frac{\pi}{2}\right) - (0 + 0)\right\}$$

$$= \frac{r^2}{2}\cdot\frac{\pi}{2}$$

$$= \frac{r^2\pi}{4}$$

Note≡　원의 방정식을 아는 독자는

$$x^2 + y^2 = r^2$$
$$\Rightarrow\quad y = \pm\sqrt{r^2 - x^2}$$

에서 앞의 적분이 반지름이 r인 원의 $\frac{1}{4}$에 해당하는 넓이와 같다는 것을 확인할 수 있습니다.

▼ 그림 23-7 앞에서 한 적분은 원 넓이의 $\frac{1}{4}$을 구한 것과 같다

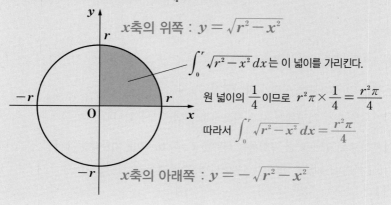

x축의 위쪽 : $y = \sqrt{r^2 - x^2}$

$\int_0^r \sqrt{r^2 - x^2}\, dx$ 는 이 넓이를 가리킨다.

원 넓이의 $\frac{1}{4}$ 이므로 $r^2\pi \times \frac{1}{4} = \frac{r^2\pi}{4}$

따라서 $\int_0^r \sqrt{r^2 - x^2}\, dx = \frac{r^2\pi}{4}$

x축의 아래쪽 : $y = -\sqrt{r^2 - x^2}$

수고했습니다. 이제 절 시작 부분에 있던 문제를 풀어봅시다.

문제는 271쪽

 그림 23-8에서 색칠한 부분의 넓이를 구해봅시다.

❤ 그림 23-8 구해야 할 넓이 S

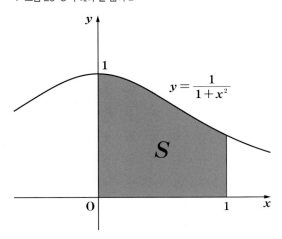

정적분과 넓이의 관계에서

$$S = \int_0^1 \frac{1}{1+x^2} dx$$

를 계산해야 한다는 것은 알 수 있습니다.

문제는 이 정적분을 어떻게 계산할지입니다.

여기서도 수능 시험에서 자주 사용하는 기법을 사용합니다.

일반적으로 $a^2 + x^2$을 포함하는 적분은 $x = a \tan \theta$로 치환하면 계산이 잘 됩니다(이 기법도 이공계 대학 수험생이라면 잘 알고 있는 기법입니다).

이번에는 $1 + x^2$을 포함하는 적분이므로

$$x = \tan\theta \quad \cdots ⑥$$

로 둡시다.

양변을 θ로 미분하면 다음과 같습니다.

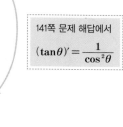

141쪽 문제 해답에서
$(\tan\theta)' = \dfrac{1}{\cos^2\theta}$

$$\frac{dx}{d\theta} = \frac{1}{\cos^2\theta}$$

$$dx = \frac{1}{\cos^2\theta}d\theta \quad \cdots ⑦$$

여기서도 미분 구간이 어떻게 변하는지 조사합니다.

원래 적분 구간은 x에 대해 $0 \to 1$입니다. 식 ⑥에서

$$x = 0 \quad \Rightarrow \quad \tan\theta = 0$$
$$x = 1 \quad \Rightarrow \quad \tan\theta = 1$$

입니다.

또 삼각함수의 상호 관계(120쪽)에서

$$\tan\theta = \frac{\sin\theta}{\cos\theta}$$

이고 그림 23-9에서 **OP의 기울기**입니다.

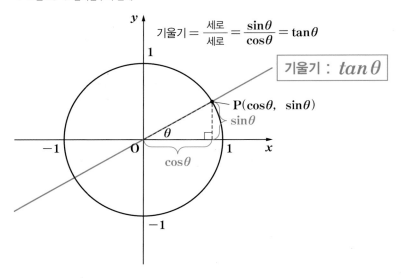

따라서

$$x = 0 \quad \Rightarrow \quad \tan\theta = 0 \quad \Rightarrow \quad 기울기가\ 0 \quad \Rightarrow \quad \theta = 0$$

$$x = 1 \quad \Rightarrow \quad \tan\theta = 1 \quad \Rightarrow \quad 기울기가\ 1 \quad \Rightarrow \quad \theta = \frac{\pi}{4}$$

$$\boxed{\frac{\pi}{4} = 45°}$$

입니다. 이렇게 표 23-2를 만들 수 있습니다.

▼ 표 23-2 적분 범위 변환

x	0	→	1
θ	0	→	$\frac{\pi}{4}$

자, 드디어 계산 준비가 끝났습니다.

식 ⑥, ⑦, 표 23-2에 따라 다음과 같이 식을 치환할 수 있습니다.

$$dx = \frac{1}{\cos^2\theta}d\theta$$

$$S = \int_0^1 \frac{1}{1+x^2}dx = \int_0^{\frac{\pi}{4}} \frac{1}{1+\tan^2\theta}\frac{1}{\cos^2\theta}d\theta$$

$$x = \tan\theta$$

어? 힘들게 치환했는데 계산이 하나도 쉬워 보이지 않습니다(오히려 더 복잡해진 것 같은데요?).

하지만 삼각함수의 상호 관계를 사용하면 앞 식에서 우변은 깜짝 놀랄 정도로 간단해집니다!

$$1+\tan^2\theta = 1+\left(\frac{\sin\theta}{\cos\theta}\right)^2$$

> 삼각함수의 상호 관계에서
> $$\tan\theta = \frac{\sin\theta}{\cos\theta}$$

$$= 1+\frac{\sin^2\theta}{\cos^2\theta}$$

$$= \frac{\cos^2\theta}{\cos^2\theta}+\frac{\sin^2\theta}{\cos^2\theta}$$

$$= \frac{\cos^2\theta+\sin^2\theta}{\cos^2\theta}$$

> 삼각함수의 상호 관계에서
> $$\cos^2\theta+\sin^2\theta = 1$$

$$= \frac{1}{\cos^2\theta}$$

즉,

$$1+\tan^2\theta = \frac{1}{\cos^2\theta}$$

입니다. 이 식을 앞의 복잡한 식에 대입해봅시다.

$$S = \int_0^{\frac{\pi}{4}} \frac{1}{1 + \tan^2\theta} \frac{1}{\cos^2\theta} d\theta = \int_0^{\frac{\pi}{4}} \frac{1}{\dfrac{1}{\cos^2\theta}} \times \frac{1}{\cos^2\theta} d\theta$$

$$= \int_0^{\frac{\pi}{4}} \frac{1 \times 1}{\dfrac{1}{\cos^2\theta} \times \cos^2\theta} d\theta$$

$(\theta)' = 1$에서

$\int 1 dx = \theta$

$$= \int_0^{\frac{\pi}{4}} 1 d\theta$$

← 간단해졌다!

$$= [\theta]_0^{\frac{\pi}{4}}$$

$$= \frac{\pi}{4} - 0$$

$$= \frac{\pi}{4}$$

따라서 구하려는 넓이는 다음과 같습니다.

$$S = \frac{\pi}{4}$$

수고했습니다!

그리고 처음에 예고했던 대로 이 적분 결과는 어떤 의미로는 '진실'을 알려줍니다. 바로 라이프니츠가 발견한 원주율(π)과 홀수의 신기한 관계입니다.

라이프니츠가 발견한 '홀수의 기적'

'3절 등비수열의 합'에서 배운 **등비수열의 합 공식(38쪽)**에 따르면 **초항이 a_1이고 공비가 r인 등비수열의 n항까지의 합 S_n은**

$$S_n = a_1 + a_1 r + a_1 r^2 + \cdots\cdots + a_1 r^{n-2} + a_1 r^{n-1} \quad (r \neq 1)$$
$$= \frac{a_1(1 - r^n)}{1 - r} \quad \cdots \text{⑧}$$

였습니다.

식 ⑧을 사용해서 다음과 같이 표현되는 T를 구해봅시다.

$$T = 1 - x^2 + x^4 - x^6 + x^8 - x^{10} + x^{12} - \cdots$$

사실 이 식도 '등비수열의 합'이라는 것을 눈치챘나요? T는 다음과 같이 **초항이 1, 공비가 $-x^2$인 등비수열의 합**입니다.

$$T = 1 - x^2 + x^4 - x^6 + x^8 - x^{10} + x^{12}$$

하지만 끝이 …이므로 이 수열의 합은 계속 이어집니다. 즉, **항의 개수는 ∞ (무한대)**입니다.

그럼 T를 식 ⑧을 사용해서 표현해봅시다. 식 ⑧은

$$\frac{초항(1 - 공비^{항의\ 개수})}{(1 - 공비)}$$

형태이므로

$$T = \frac{1 \cdot \{1 - (-x^2)^\infty\}}{1 - (-x^2)}$$

입니다. 단, 4절의 '수열의 극한'(40쪽)에서도 이야기했듯이 $(-x^2)^\infty$라는 표현은 게으른 표현이므로

$$\lim_{n \to \infty} (-x^2)^n$$

이라 써야 합니다.

이제 여기서 $0 \leq x < 1$이라 하면

$$\lim_{n \to \infty} (-x^2)^n = 0$$

이므로, 이때

$$T = \frac{1 \cdot \{1 - (-x^2)^\infty\}}{1 - (-x^2)} = \frac{1 \cdot (1 - 0)}{1 + x^2} = \frac{1}{1 + x^2}$$

입니다. 즉,

$$1 - x^2 + x^4 - x^6 + x^8 - x^{10} + x^{12} - \cdots = \frac{1}{1 + x^2} \quad \cdots ⑨$$

이 됨을 알 수 있습니다. 어? 가장 오른쪽 식은 본 적이 있습니다. 맞습니다. 앞에서 힘들게 계산한 식

$$S = \int_0^1 \frac{1}{1 + x^2} dx$$

의 '안쪽 부분'(피적분함수라 부릅니다)입니다. 식 ⑨를 사용하면 이 정적분은 다음과 같이 바꿔 쓸 수 있습니다.

$$S = \int_0^1 \frac{1}{1 + x^2} dx = \int_0^1 (1 - x^2 + x^4 - x^6 + x^8 - x^{10} + x^{12} - \cdots) dx$$

Note☰ $0 \leq x < 1$에 대해 성립하는 식 ⑨를 사용해서 이렇게 쓸 수 있는 이유는 $x = 0$부터 $x = 1$까지의 정적분이기 때문입니다. 여기서 예리한 독자는 '$x = 1$일 때는 안 되잖아?'라고 생각할지도 모릅니다. 맞습니다. 엄밀하게 $x = 1$일 때는 따로 논의가 필요하지만 이야기가 길어지므로 여기서는 생략하겠습니다.

우변의 정적분은 간단하므로 계산해봅시다.

$$S = \int_0^1 (1 - x^2 + x^4 - x^6 + x^8 - x^{10} + x^{12} - \cdots)dx$$

$$\boxed{[F(x)]_0^1 = F(1) - F(0)}$$

$$= \left[x - \frac{1}{3}x^3 + \frac{1}{5}x^5 - \frac{1}{7}x^7 + \frac{1}{9}x^9 - \frac{1}{11}x^{11} + \frac{1}{13}x^{13} - \cdots \right]_0^1$$

$$= \left(1 - \frac{1}{3} \cdot 1^3 + \frac{1}{5} \cdot 1^5 - \frac{1}{7} \cdot 1^7 + \frac{1}{9} \cdot 1^9 - \frac{1}{11} \cdot 1^{11} + \frac{1}{13} \cdot 1^{13} - \cdots \right)$$

$$- \left(0 - \frac{1}{3} \cdot 0^3 + \frac{1}{5} \cdot 0^5 - \frac{1}{7} \cdot 0^7 + \frac{1}{9} \cdot 0^9 - \frac{1}{11} \cdot 0^{11} + \frac{1}{13} \cdot 0^{13} - \cdots \right)$$

$$= \left(1 - \frac{1}{3} \cdot 1 + \frac{1}{5} \cdot 1 - \frac{1}{7} \cdot 1 + \frac{1}{9} \cdot 1 - \frac{1}{11} \cdot 1 + \frac{1}{13} \cdot 1 - \cdots \right) - 0$$

$$\therefore \quad S = 1 - \frac{1}{3} + \frac{1}{5} - \frac{1}{7} + \frac{1}{9} - \frac{1}{11} + \frac{1}{13} - \cdots$$

마지막은 **홀수의 역수를 양수, 음수 교대로 서로 더한 값**이라는 매우 특징이 있는 결과입니다.

그런데 앞에서 계산한 넓이 S는 얼마였죠?

$$S = \frac{\pi}{4}$$

였습니다. 이렇게 원주율(π)과 홀수 사이에는 다음 관계가 있음을 알 수 있습니다.

$$\frac{\pi}{4} = 1 - \frac{1}{3} + \frac{1}{5} - \frac{1}{7} + \frac{1}{9} - \frac{1}{11} + \frac{1}{13} - \cdots$$

신기하죠. 단순히 '홀수의 역수를 양수, 음수 교대로 서로 더한 값'이 자연과학에서 가장 중요한 상수라 해도 과언이 아닌 원주율과 관련이 있습니다! 너무 신기해서 이 관계를 **홀수의 기적**이라 부르는 사람도 있습니다.

그런데 이 '기적'을 처음 발견한 사람은 누굴까요? 바로 라이프니츠로, 28살일 때였습니다. 흥분한 라이프니츠는 바로 스승인 호이겐스에게 편지를 썼습니다. 호이겐스는 제자의 편지에 이렇게 답했다고 합니다.

'네가 원의 놀라운 성질을 발견한 것은 너도 부정하지 않을 것이다. 네가 구한 것은 수학자 사이에서도 영원히 유명할 것이다'

또한 이 내용은 기원전 2000년경부터 계속되는 원주율 계산 중에서 인류가 얻은 **역사상 네 번째 급수표현**(수열을 무한히 더하여 표현되는 식)입니다.

Note≡   **크리스찬 호이겐스**(1629-1695)는 네덜란드에서 활약한 수학자·물리학자·천문학자입니다. 파도의 전파에 관한 '호이겐스의 원리'를 고등학교 물리 교과서에서 볼 수 있습니다.

이 절은 특히 계산이 힘들었을 것입니다. 하지만 그 노력 다음에 진실을 마주하는 감동을 맛보았으면 합니다. 그리고 적분 계산이 미분에 비해 얼마나 힘든지도 알았으면 합니다.

24

정적분 응용하기 2: 부피 구하기

중학교 수학에서 원뿔이나 삼각뿔같이 '~뿔'의 부피를 구하는 공식

$$밑면 \times 높이 \times \frac{1}{3}$$

을 배울 때 $\frac{1}{3}$ 을 왜 곱하는지 궁금하지 않았나요?

또 다른 예로 반지름이 r인 구의 부피는

$$\frac{4}{3}\pi r^3$$

이라는 걸 알고 '$\frac{4}{3}$ 은 어디서 온 거야!? 이 공식 만든 사람 나와!'라고 생각한 적 없나요?

그런데 둘 다 적분으로 부피를 구하는 방법을 배우면 깔끔하게 이해할 수 있습니다!

 그림 24-1과 같은 반지름 r인 원의 위쪽 절반(x축 위)의 수식은

$$y = \sqrt{r^2 - x^2}$$

임을 이용하여 반지름 r인 구의 부피가 $\frac{4}{3}\pi^3$임을 보이세요.

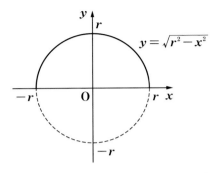

바로 문제를 풀지 않고 '서둘지 말고 돌아가자'는 마음으로 적분으로 부피를 구하는 방법을 기초부터 배워봅시다.

소년 가우스가 도달한 술통의 부피를 구하는 방법

▼ 그림 24-2 전체 부피는 나눈 부피를 더한 것과 같다

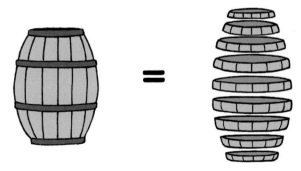

24쪽에서도 소개했던 가우스는 어릴 때부터 여러 가지 일화를 남긴 사람이었는데, 여기서도 역시 그런 전설 중 하나를 소개합니다. 그림 24-2와 같은 가운데가 볼록한 술통의 부피를 구할 수 없어서 곤란해하는 사람 옆에서 소년 가우스는 술통을 가로로 잘게 잘라 얇은 원반으로 나누어 각 원반의 부피를 더하면

부피를 구할 수 있지 않을까라고 생각했다고 합니다.

'작게 나눈 것을 더해서 전체라 한다'

라는 생각은 바로 **적분 그 자체**라고 할 수 있죠. 역시 천재 소년 가우스입니다!

어떤 입체 도형을 잘게 나눈 후 각각의 합을 구하는 것이 미분의 역연산, 바로 적분이 된다는 것을 (넓이와 마찬가지로) 확인해봅시다.

적분으로 부피를 구할 수 있는 이유

그림 24-3과 같이 x축의 원점을 꼭짓점으로 하는 원뿔이 있다고 합시다.

▼ 그림 24-3 원점을 꼭짓점으로 하는 밑면의 반지름이 r인 원뿔

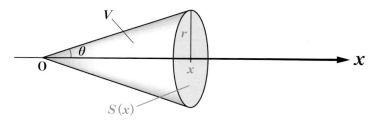

이 원뿔의 '높이'는 x이고 밑면은 반지름이 r인 원이므로 그림 24-4와 같은 직각 삼각형을 생각할 때 r은 x와 $\tan \theta$(θ는 상수)를 사용해서 나타낼 수 있습니다.

▼ 그림 24-4 원뿔의 축을 지나는 평면으로 자른 단면 = 직각 삼각형

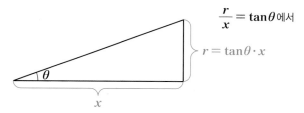

$$\frac{r}{x} = \tan\theta \text{에서}$$

$$r = \tan\theta \cdot x$$

이렇게 **밑넓이는 x의 함수(x로 결정되는 수)**가 됩니다. 여기서 이 원뿔의 밑넓이를 $S(x)$라 하면

$$S(x) = r^2\pi$$
$$= (\tan\theta \cdot x)^2 \pi$$
$$= \pi\tan^2\theta \cdot x^2 \quad (\theta\text{는 상수}) \cdots ①$$

$$\boxed{r = \tan\theta \cdot x}$$

입니다.

이제 원뿔의 높이를 Δx만큼 늘려서 부피를 살짝 키우는 상황을 생각해봅시다.

▼ 그림 24-5 원뿔의 높이를 Δx만큼 키워서 늘어난 부피 ΔV

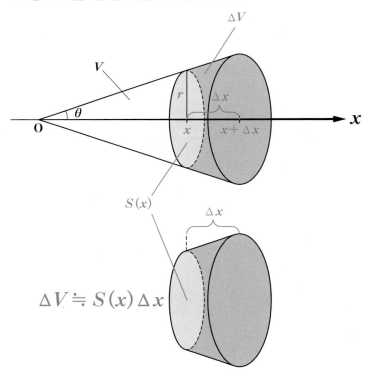

이때 늘어난 부피를 ΔV라고 하면 **늘어난 부분의 부피는 밑면이 $S(x)$인 원기둥(얇은 원반)과 거의 같으므로** 다음과 같이 식을 쓸 수 있습니다.

$$\Delta V \fallingdotseq S(x)\Delta x$$

이 식의 양변을 Δx로 나눠봅시다.

$$\frac{\Delta V}{\Delta x} \fallingdotseq S(x) \quad \cdots ②$$

여기서 감이 좋은 독자는 이미 느꼈겠지만 식 ②의 Δx를 한없이 작게 하면

$$\frac{dV}{dx} = S(x) \qquad \boxed{\lim_{\Delta x \to 0}\frac{\Delta y}{\Delta x} = \frac{dy}{dx} \text{ 이다(99쪽)}}$$

입니다!

V[부피]를 미분하면 $S(x)$[단면(밑)넓이]가 됨을 알 수 있습니다. 즉, $S(x)$를 적분하면 부피 V를 구할 수 있습니다!

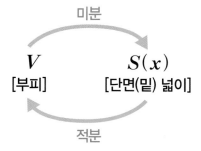

V는 $S(x)$의 원시함수이므로 V도 x의 함수입니다. 이를 $V(x)$라 하면

$$V(x) = \int S(x)dx$$

입니다.

이는 **부피 V가 Sum of $S(x)\,\Delta x$**(237쪽), 즉 **얇은 원반의 부피 $\{S(x)\,\Delta x\}$의 합**임을 나타냅니다! 가우스는 정말 훌륭한 소년이네요!

여기서 들었던 예는 원뿔이었지만 어떤 입체 도형이라도 x축에 수직한 단면(밑면)의 넓이가 x의 함수라면 같은 방법으로 설명할 수 있습니다.

> $Note\equiv$ '같은 방법으로 설명할 수 있다'는 말은 부피의 작은 증가량 ΔV에 대해
>
> $$\Delta V \fallingdotseq S(x)\,\Delta x$$
>
> 가 성립한다는 말입니다.

즉, 그림 24–6과 같은 입체 도형도 평면 α와 평면 β로 둘러싸인 부피를 $V(x)$라 하면 $V(x)$는 단면 넓이 $S(x)$의 원시함수가 됩니다.

❤ 그림 24–6 단면 넓이가 $S(x)$인 평면 α와 β로 둘러싸인 부분의 부피 $V(x)$

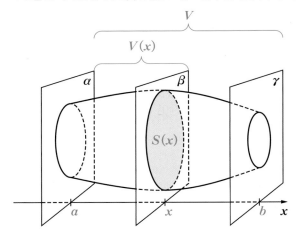

그림 24–6에서 $V(a)=0,\ V(b)=V$이므로

$$V = V - 0 = V(b) - V(a) = [V(x)]_a^b = \int_a^b S(x)dx \qquad \boxed{V(x) = \int S(x)dx}$$

자! 이렇게 적분을 이용해 부피를 구할 준비를 마쳤습니다.

요점 정리 | **정적분을 이용해 부피를 구하는 방법**

x축에 수직인 평면이 만드는 단면 넓이가 $S(x)$인 입체 도형의 $a \leq x \leq b$인 부분의 부피 V는 다음 정적분으로 구할 수 있습니다.

$$V = \int_a^b S(x)dx$$

실제로 부피를 구할 때는 부피를 구하려는 x의 범위로 정적분합니다.

원뿔 부피 공식에 1/3이 등장하는 이유

그럼 드디어 원뿔의 부피를 정적분으로 구해봅시다.

그림 24-7과 같이 밑면의 반지름이 R이고 높이가 h인 원뿔을 생각해봅시다.

▼ 그림 24-7 밑면의 반지름이 R이고 높이가 h인 원뿔

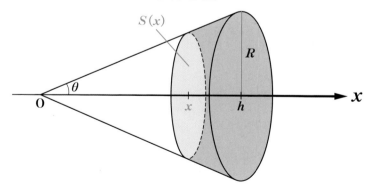

294쪽의 식 ① 계산을 그대로 사용합니다.

$$S(x) = \pi \tan^2\theta \cdot x^2 \quad (\theta \text{는 상수}) \ \cdots \ ①$$

그리고 그림 24-8에서

$$\tan\theta = \frac{R}{h} \quad \cdots ②$$

▼ 그림 24-8 원뿔의 단면 절반

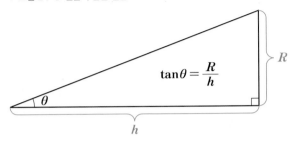

$$\tan\theta = \frac{R}{h}$$

R

θ

h

임을 알아둡시다(다음에 사용합니다!).

부피를 구하려는 범위는 $0 \leq x \leq h$ 부분입니다.

식 ①에서

$$V = \int_0^h S(x)dx$$

부피를 구하려는 범위가
$$V = \int_a^b S(x)dx$$이므로

$$= \int_0^h (\pi\tan^2\theta \cdot x^2)dx$$

$\pi\tan^2\theta$는 상수. 적분의 선형성(255쪽)에 따라
$$\int kx^2 dx = k\int x^2 dx$$
가 된다

$$\int_a^b f(x)dx = [F(x)]_a^b$$

$$= \pi\tan^2\theta \int_0^h x^2 dx$$

$$= \pi\tan^2\theta \left[\frac{1}{3}x^3\right]_0^h$$

$$[F(x)]_a^b = \{F(b) - F(a)\}$$

$$= \pi\tan^2\theta \left(\frac{1}{3}\cdot h^3 - \frac{1}{3}\cdot 0^3\right)$$

식 ②에서

$$= \frac{1}{3}\pi\tan^2\theta \cdot h^3$$

$$= \frac{1}{3}\pi\left(\frac{R}{h}\right)^2 \cdot h^3 = \frac{1}{3}\pi \cdot \frac{R^2}{h^2}\cdot h^3$$

$$= R^2\pi \times h \times \frac{1}{3} = (밑넓이) \times (높이) \times \frac{1}{3}$$

사각뿔이나 삼각뿔도 마찬가지 방법으로 x축을 설정해서 정적분하면 부피를 구할 때 $\frac{1}{3}$을 곱해야 한다는 것을 알 수 있습니다(궁금한 독자는 해보세요).

중학교 때부터 품고 있던 의문이 드디어 풀렸습니다!

회전체의 부피

정적분을 이용해 부피를 계산하기 위해서는 **x축에 수직인 평면이 만드는 단면 넓이를 반드시 x의 함수로 구해야 하는데**, 실제 입체 도형을 마주했을 때 이 함수를 구하기는 간단하지 않습니다.

그런데 단면적을 x의 함수로 나타내기 쉬운 입체 도형이 있습니다. 바로 **회전체**가 그렇습니다. 그림 24-9와 같이 $y=f(x)$로 나타낼 수 있는 곡선(이나 직선)을 x축을 중심으로 회전해서 만든 입체 도형(회전체)의 **단면은 반지름이 $|f(x)|$인 원이 되어 단면 넓이는 $\{f(x)\}^2\,\pi$가 되기 때문입니다.**

▼ 그림 24-9 곡선 $y=f(x)$를 x축으로 회전시켰을 때 만들어지는 입체 도형

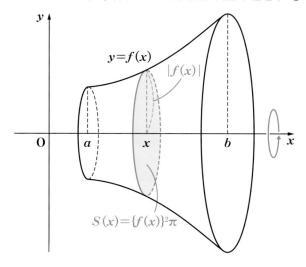

$$V = \int_a^b S(x)dx$$

$$= \int_a^b \{f(x)\}^2 \pi dx$$

$$= \pi \int_a^b \{f(x)\}^2 dx$$

π는 상수이므로 앞으로 뺄 수 있다
(적분의 선형성 255쪽)

$$\int kf(x)dx = k\int f(x)dx$$

에서 회전체의 부피는 다음과 같이 정리할 수 있습니다.

요점 정리 **x축을 중심으로 회전시킨 회전체의 부피를 구하는 방법**

$y = f(x)$, $x = a$, $x = b(a < b)$ 그리고 x축으로 둘러싸인 부분을 x축을 중심으로 한 번 회전시켜 만들어지는 입체 도형(회전체)의 부피 V는 다음 정적분으로 구할 수 있습니다.

$$\boldsymbol{V = \pi \int_a^b \{f(x)\}^2 dx = \pi \int_a^b y^2 dx}$$

그러면 이 내용을 바탕으로 절 시작에 있던 문제를 풀어봅시다.

해답

❤ 그림 24-10 반지름 r인 원의 방정식 절반(그림 24-1과 같음)

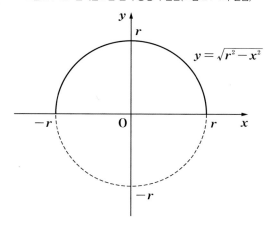

$y = \sqrt{r^2 - x^2}$은 반지름이 r인 원의 위쪽 절반이므로 이 곡선을 회전시켜서 만든 입체 도형(회전체)은 반지름이 r인 구입니다.

❤ 그림 24-11 그림 24-10의 도형을 x축으로 회전시켜 만든 입체 도형은 구

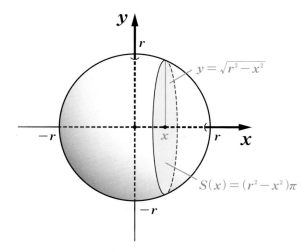

한 점 x를 지나며 x축에 수직인 평면이 만드는 단면은 반지름이 $y=\sqrt{r^2-x^2}$ 인 원이므로 단면 넓이 $S(x)$는

$$S(x)=y^2\pi=\sqrt{r^2-x^2}^{\,2}\pi=(r^2-x^2)\pi$$

입니다. 이를 $-r$부터 r까지 정적분하면 구의 부피 V를 구할 수 있습니다.

$$V=\int_{-r}^{r}S(x)dx=\pi\int_{-r}^{r}(r^2-x^2)dx$$

r^2은 상수. k가 상수일 때
$(kx)'=k$이므로
$$\int kdx=kx$$

$[F(x)]_{-r}^{r}$
$=\{F(r)-F(-r)\}$

$$=\pi\left[r^2x-\frac{1}{3}x^3\right]_{-r}^{r}$$

$$=\pi\left[\left(r^2\cdot r-\frac{1}{3}r^3\right)-\left\{r^2\cdot(-r)-\frac{1}{3}(-r)^3\right\}\right]$$

$$=\pi\left\{\left(r^3-\frac{1}{3}r^3\right)-\left(-r^3+\frac{1}{3}r^3\right)\right\}$$

$-\frac{1}{3}(-r)^3=-\frac{1}{3}(-r^3)$
$$=+\frac{1}{3}r^3$$

$$=\pi\left\{\frac{2}{3}r^3-\left(-\frac{2}{3}r^3\right)\right\}$$

$$=\pi\left(\frac{2}{3}r^3+\frac{2}{3}r^3\right)=\frac{4}{3}\pi r^3$$

오! 정확히 $\frac{4}{3}\pi r^3$이 됩니다.

이렇게 고등학교 수학의 미적분은 끝! 수고했습니다! 다음 절은 고등학교 수준을 조금 넘어간 미분방정식 이야기입니다.

물리에 응용하기 2:
미분방정식

앞 절로 고등학교 수학 범위의 미분·적분은 끝났습니다. 고등학교 수학의 정점에 서자라는 목표는 이미 달성했습니다.

그런데 지금 기분이 어떤가요? 힘들었나요? 아니면 생각보다 재밌었나요? 그러면 이제 여러분은 어떤 '경치'가 보이나요?

물론 각자의 느낌은 다르겠지만 일종의 성취감과 함께 이렇게 생각하는 사람도 반드시 적지 않을 거라 생각합니다.

미분과 적분의 의미와 계산 방법은 어느 정도 알았고 접선의 기울기나 넓이, 부피도 이제 구할 수 있어. 그런데 그렇다고 해서 미분·적분이 그렇게 중요한 건지는 모르 겠네……

여러분의 기분은 충분히 이해합니다.

필자 역시 옛날에 똑같은 의문과 답답함을 느꼈던 사람 중 하나입니다. 미분·적분의 마법 같은 매력에 빠진 이유는 **물리학을 통해 충격적인 경험을 했기 때문**입니다.

일본 고등학교에서 배우는 물리학의 근간은 뉴턴이 체계화한 '뉴턴 물리학'입니다. 뉴턴은 미분·적분으로 세상을 풀어낸 최초의 사람입니다. 그런데도 불구하고 일본의 교육 관련 행정기구가 정한 지도 요령에는 옛날부터 지금까지 고등학교 물리는 미분·적분을 사용하지 않고 가르치게 되어 있습니다(한국도 동일합니다).

그 결과 고등학교 물리 교과서는 미분·적분의 '미'자도 없이 쓰였고 설명이 알 듯 말듯 한 것이 많아서 공식이 나올 때마다 '세상은 이렇게 생겼으니까 암기해'라는 말을 듣는 듯한 기분이었습니다.

그런 와중에 고등학생이었던 필자는 운 좋게도 미분·적분을 사용해서 물리를 배울 기회가 있었습니다.

처음 미분·적분으로 물리적 현상을 풀어내는 모습을 봤을 때의 감동은 지금까지도 선명하게 남아 있습니다. 그때까지 기계적으로 암기했던 많은 공식이 유기적으로 연결되고 물리학 전체가 하나의 거목으로 다가왔습니다. 그 모습은 세상의 아름다움 그 자체였고 이 우주는 신이 만들어주신 것이라 믿을 만한 감동적인 경험이었습니다.

그러면 이 감동의 원천은 무엇이었을까요? 바로 운동방정식이라 부르는 다음 식이었습니다.

$$ma = F \quad \cdots ①$$

m은 물체의 질량, a는 가속도, F는 물체에 작용하는 힘을 나타냅니다. 그다지 특이하지도 않은 식입니다. 하지만 가속도 a를 미분을 사용해서 나타내면 **미분방정식**이 나타나 상황이 급변합니다.

다음 문제로 예를 들어 생각해봅시다.

 그림 25-1과 같이 용수철에 연결된 물체의 운동은 다음 운동방정식을 따릅니다. 이 물체의 위치(x)를 시간의 함수로 나타내세요.

$$ma = -kx$$

[m: 물체의 질량, a: 물체의 가속도, k: 용수철 상수]

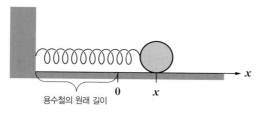

어떻게 봐도 물리 문제지만 필요한 내용은 모두 설명하므로 잠깐 함께해주세요. 이 문제를 풂으로써 미분방정식을 푸는 느낌을 맛보았으면 합니다.

먼저 모든 운동을 지배한다고 해도 과언이 아닌 **가속도**부터 살펴볼까요?

가속도란

가속도란 **단위 시간(보통은 1초)당 속도 변화량**을 말합니다. 예를 들어 속도 v가 시간 t에 따라 그림 25-2의 그래프와 같이 변한다고 합시다

▼ 그림 25-2 $v = f(t)$ 그래프

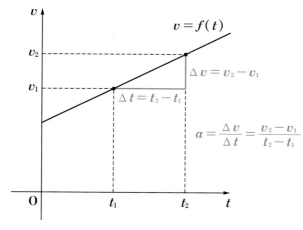

가속도는 정의에 따르면

$$가속도 = \frac{속도\ 변화량}{시간\ 변화량}$$

이므로 가속도를 a라 하고 Δt, Δv를 사용해서 적으면

$$a = \frac{\Delta v}{\Delta t} = \frac{v_2 - v_1}{t_2 - t_1} \quad \cdots ②$$

이 됩니다.

빗면을 굴러가는 공의 시간에 따른 속도의 그래프는 그림 25-2의 $v = f(t)$ 그래프와 같이 직선이 되지만, 자동차가 액셀을 밟으며 가속할 때는 그렇지 않습니다. 일반적으로 $v = f(t)$ 그래프는 곡선입니다.

▼ 그림 25-3 x 위치에서 속도가 v인 자동차

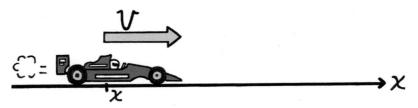

'$v = f(t)$ 그래프가 곡선인 경우에 식 ②를 계산하면 평균 가속도가 됩니다. 그러면 **순간 가속도**를 구하려면 어떻게 하면 될까요? 어, 왠지 기시감이 들지 않나요? 맞습니다! **순간 속도**를 배웠던 7절에서 했던 것과 똑같이 생각하면 순간 가속도도 구할 수 있습니다.

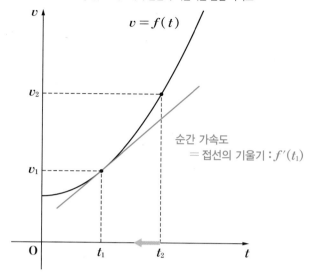

$v = f(t)$

순간 가속도
= 접선의 기울기 : $f'(t_1)$

순간 속도는 $x - t$ 그래프에서 접선의 기울기였습니다. 마찬가지로 **순간 가속도는 $v - t$ 그래프의 접선의 기울기입니다.** 물론 t값에 따라 '순간 가속도'는 변합니다.

한편 접선의 기울기, 즉 미분 계수를 입력값(이번에는 t)의 함수로 본 것이 도함수였습니다(10절). 다시 말해 순간순간 변하는 **가속도는 속도 v의 도함수**로 표현된다는 말입니다. 수식으로 적으면

$$a = \frac{dv}{dt}$$

입니다.

마찬가지로 생각하면

$$v = \frac{dx}{dt}$$

라고 쓸 수도 있습니다. **속도는 위치의 도함수입니다.**

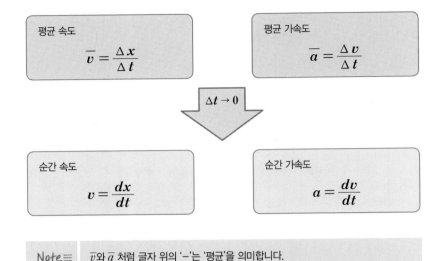

위치, 속도, 가속도의 관계

위치(x)를 미분하면 속도(v)가 되고, 속도를 미분하면 가속도(a)가 된다는 말은 **위치를 시간(t)으로 2번 미분하면 가속도를 구할 수 있다**는 말입니다. 이 내용을 수식으로는

$$a = \frac{dv}{dt}$$
$$= \frac{d\left(\dfrac{dx}{dt}\right)}{dt}$$
$$\therefore \quad a = \frac{d^2 x}{dt^2} \quad \cdots ③$$

$$\frac{b\left(\dfrac{y}{x}\right)}{a} = \frac{\dfrac{by}{x}}{a}$$
$$= \left(\frac{by}{x}\right) \div a$$
$$= \left(\frac{by}{x}\right) \times \frac{1}{a}$$
$$= \frac{by}{ax}$$

로 나타냅니다(라이프니츠가 고안한 미분 기호는 분수처럼 다룰 수 있어서 정말 편리합니다).

또한, **미적분의 기본 정리**(20절)로 가속도를 적분하면 속도가 되고, 속도를 적분하면 위치가 되는 것을 알 수 있습니다.

이 내용을 그림으로 정리하면 다음과 같습니다.

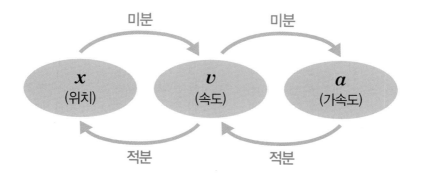

운동방정식은 미분방정식이었다!

자, 식 ①의 운동방정식에 식 ③을 대입해봅시다. 그러면

$$m \frac{d^2 x}{dt^2} = F \quad \cdots ④$$

와 같이 별로 특별할 것 없었던 운동방정식이 **미분을 포함한 방정식**, 바로 **미분방정식**이 됩니다! 미분방정식의 정의는 정말 단순합니다.

요점 정리   **미분방정식**

미분을 포함한 방정식

식 ④의 미분방정식을 풀어서

- 에너지 보존 법칙
- 운동량 보존 법칙
- 각 운동량 보존 법칙
- 단진동의 일반식
- 케플러 제 2법칙(면적속도 일정 법칙)

등을 유도할 수 있습니다! 물리학이 익숙하지 않은 독자는 '그래서?'라고 생각할지 모르겠지만, 이 법칙은 모두 물리학에서 삼라만상을 풀어내는 데 빠뜨릴 수 없는 중요한 법칙입니다. 적어도 필자한테는 우주를 지배하는 여러 가지 진리가 모두 식 ④의 미분방정식에서 유도된다는 사실이 정말 놀라움 그 자체였습니다!

미분방정식을 푼다는 것

앞에서 '미분방정식을 풂으로써'라고 말하긴 했는데, 구체적으로 어떻게 풀어야 할까요?

이 책을 여기까지 읽은 독자라면

> 미분: 미세하게 나누는 것 → 분석
> 적분: 미세하게 나뉜 것을 쌓아 올리는 것 → 종합

임을 이해하고 있을 것입니다. 그리고 **미분방정식이란 미분된 것이 만족하는 조건을 나타내고 있는 식**입니다. 즉, 미분방정식을 본다는 것은 한없이 작게 나뉜 한 조각을 보고 있는 것과 같습니다.

그 조각에서 전체를 재현하려는 행위가 곧 미분방정식을 푸는 행위이고 그중 하나가 **적분입니다.** 실제로 미분방정식을 푸는 행위를 '적분한다'라 표현하는 나라도 있습니다.

전에 적분하기 어려운 것을 뒤죽박죽이 된 조각을 맞춰 직소 퍼즐을 완성하기 어려운 것에 비유했는데(250쪽) 미분방정식을 푸는 것도 똑같이 어렵습니다. 정말 한정된 국소적인 정보로 전체를 파악하는 일이기 때문에 쉽지는 않습니다.

▼ 그림 25-5 직소 퍼즐

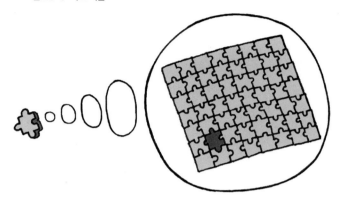

방정식이라고 하면 대부분의 사람은 $2x+1=5$나 $x^2-x+2=0$을 떠올립니다. 1차방정식은 항상 풀 수 있고, 2차방정식도 공식을 사용하면(복소수 범위 안에서) 항상 풀 수 있습니다.

하지만 미분방정식은 반드시 해가 있지는 않습니다. 한 수학 선생님은 **세상 존재하는 미분방정식의 99%는 풀 수 없다**고 했는데, 필자도 그런 인상을 받았습니다.

미분방정식을 풀 수 있다는 말은 한 현상을 시간이나 개수 등의 함수로 나타낼 수 있다는 말이므로 그 현상 전체를 밝혀낼 수 있습니다. 예를 들어 어떤 물체의 운동을 식 ④의 운동방정식(미분방정식)으로 쓸 수 있고, 이 방정식을 풀었을 때 초기 조건($t=0$일 때의 조건)만 안다면, 앞으로 일어날 일을 예측해 언제라도 그 물체의 위치를 정확하게 알 수 있습니다.

이런 이유로 물리학 외에 경제학, 사회학, 생태학에서도 **어떤 원인에 의해 변해 가는 현상을 밝히려는 사람은 반드시 미분방정식과 마주하게 된다**고 해도 과언이 아닙니다.

그래서 미분방정식의 풀이법은 지금도 계속 연구되고 있습니다. 예를 들어 318쪽에서 살펴보는 **나비에 · 스토크스 방정식**은 유체역학에서 매우 중요한 미분방정식이지만 풀기 전에 애초에 일반적으로 성립하는 해가 존재하는지도 알려지지 않았습니다. 이 방정식의 해가 존재하는지 증명하는 일이 미국 클레이 연구소에서 현상금 100만 달러가 걸려 있는 **밀레니엄 현상 문제** 중 하나입니다.

그러면 절 시작 부분에 있던 문제를 풀어봅시다!

문제는 304쪽

 용수철에 의한 물체의 운동은

$$ma = -kx$$

라는 식을 따른다고 문제에 있습니다. 가속도 a에 식 ③을 대입합니다.

$$m\frac{d^2x}{dt^2} = -kx$$

$$\Rightarrow \quad \frac{d^2x}{dt^2} = -\frac{k}{m}x$$

여기서 $\frac{k}{m} = \omega$라 두면

$$\frac{d^2x}{dt^2} = -\omega x \quad (\omega\text{는 상수}) \cdots ⑤$$

Note≡ ω는 '오메가'라 읽는 그리스 문자이고 물리에서 자주 사용하는 기호입니다.

이 미분방정식을 만족하는 x를 찾아야 하는데 좌변의 $\frac{d^2x}{dt^2}$는 x를 t로 두 번 미분한다는 의미입니다. 한편, 우변의 $-\omega x$는 x를 상수배(ω배) 해서 부호를 바꾼 값입니다.

여기서 다시 기억했으면 하는 것이 삼각함수의 미분(14절)입니다.

$$(\sin x)' = \cos x$$

$$(\cos x)' = -\sin x$$

였죠? 이 둘을 dx를 사용하여 나타내면 이렇게 됩니다.

$$\frac{d(\sin x)}{dx} = \cos x \quad \cdots ⑥$$

$$\frac{d(\cos x)}{dx} = -\sin x \quad \cdots ⑦$$

이제 식 ⑦에 ⑥을 대입하면

$$\frac{d\left(\dfrac{d(\sin x)}{dx}\right)}{dx} = -\sin x$$

입니다. 이 식은 식 ③과 마찬가지로 계산할 수 있으므로 다음과 같이 됩니다.

$$\frac{d^2(\sin x)}{dx^2} = -\sin x$$

이 식은 $\sin x$를 x로 2번 미분하면 $-\sin x$가 됨을 보여줍니다. x를 t로 바꾸면

$$\frac{d^2(\sin t)}{dt^2} = -\sin t$$

입니다. 사실 이 식은 이미 식 ⑤의 미분방정식의 해에 매우 가깝습니다.

만약 식 ⑤가 ω가 없는 식

$$\frac{d^2 x}{dt^2} = -x \quad \cdots ⑤'$$

라면

$$x = \sin t$$

는 식 ⑤'의 해 중 하나입니다. '해 중 하나'라는 표현을 하는 이유는 이 해 말고도 식 ⑤의 해가 존재하기 때문입니다.

예를 들어

$$x = 2\sin(t + \pi)$$

도 식 ⑤′의 해입니다.

'정말?'이라고 의심하는 독자를 위해 대입해봅시다.

$x = 2\sin(t + \pi)$일 때

식 ⑤′의 좌변 $= \dfrac{d^2 x}{dt^2}$

$$= \dfrac{d^2\{2\sin(t + \pi)\}}{dt^2}$$

$$= \dfrac{d\left[\dfrac{d\{2\sin(t + \pi)\}}{dt}\right]}{dt}$$

$$= \dfrac{d\{2\cos(t + \pi)\}}{dt}$$

$$= -2\sin(t + \pi)$$

$$= -x$$

> 합성함수의 미분(11절)
>
> $\dfrac{d\{2\sin(t+\pi)\}}{dt} = 2\dfrac{d\{\sin(t+\pi)\}}{dt}$
> $= 2\cos(t + \pi) \cdot (t + \pi)'$
> $= 2\cos(t + \pi) \cdot 1$
> $= 2\cos(t + \pi)$

정확하게

$$\dfrac{d^2 x}{dt^2} = -x$$

를 만족하므로 $x = 2\sin(t + \pi)$는 틀림없이 이 미분방정식의 해입니다.

2나 π가 다른 수였더라도 마찬가지로 성립하므로 식 ⑤′ 미분방정식의 해는

$$x = A\sin(t + \varphi) \quad (A와 \varphi는 상수)$$

의 형태입니다!

> Note≡ φ는 '파이(phi)'라고 읽는 그리스 문자로 각도를 나타낼 때 자주 사용하는 기호입니다.

하지만 기뻐하고 있을 수만은 없습니다. 식 ⑤에는 ω가 붙어 있습니다. 어떻게 할까요?

여기서는 '합성함수의 미분=겉미분 · 속미분'(11절)을 사용합니다.

$$x = A\sin(nt + \varphi) \quad (A,\ n,\ \varphi\text{는 상수})$$

이 식을 t로 미분하면

$$\frac{d\{A\sin(nt+\varphi)\}}{dt} = A\frac{d\{\sin(nt+\varphi)\}}{dt} \quad \boxed{\text{합성함수의 미분}}$$
$$= A\cos(nt+\varphi)\cdot(nt+\varphi)'$$
$$= A\cos(nt+\varphi)\cdot(n+0)$$
$$= nA\cos(nt+\varphi)$$

가 됩니다.

이 식을 다시 한 번 t에 대해 미분하면

$$\frac{d\{nA\cos(nt+\varphi)\}}{dt} = nA\frac{d\{\cos(nt+\varphi)\}}{dt} \quad \boxed{\text{합성함수의 미분}}$$
$$= nA\{-\sin(nt+\varphi)\}\cdot(nt+\varphi)'$$
$$= -nA\sin(nt+\varphi)\cdot(n+0)$$
$$= -n^2 A\sin(nt+\varphi)$$

즉, $A\sin(nt+\varphi)$을 t로 2번 미분하면 $-n^2 A\sin(nt+\varphi)$가 됩니다. 지금까지의 내용을 정리해서 쓰면

$$\frac{d^2\{A\sin(nt+\varphi)\}}{dt^2} = -n^2 A\sin(nt+\varphi)$$

이고, 식 ⑤의 미분방정식과 나란히 쓰면

$$\frac{d^2 x}{dt^2} = -\omega x$$

$$\frac{d^2\, A\sin(nt+\varphi)\}}{dt^2} = -n^2 A\sin(nt+\varphi)$$

가 됩니다!

비교해보면

$$n^2 = \omega$$
$$\Rightarrow\quad n = \sqrt{\omega}$$

가 되는 것을 알 수 있습니다(n은 양수라 가정했습니다).

이렇게 식 ⑤의 미분방정식을 만족하는 해는

$$x = A\sin(\sqrt{\omega}\, t + \varphi)$$

입니다.

이제 거의 다 왔습니다. $\omega = \dfrac{k}{m}$였으므로 이를 대입해서

$$x = A\sin\left(\sqrt{\frac{k}{m}}\, t + \varphi\right) \quad (A\text{와 }\varphi\text{는 상수}) \quad \cdots \text{⑧}$$

입니다. 이 식이 구하려 했던 미분방정식의 해입니다!

상당히 돌아온 느낌이 들지도 모르겠습니다. 실제로 풀 수 있는 미분방정식은 몇 가지로 분류되어 있어서 각각 전형적인 풀이법이 있지만 대부분의 미분방정식은 귀찮은 식 변형이 항상 따라다닙니다.

일반해와 특수해

식 ⑧의 '해'에는 값을 알 수 없는 상수 A와 φ가 들어 있습니다. 용수철에 의한 물체의 운동은 $t = 0$인 상태(**초기 조건**이라 합니다)에 따라 크게 변하기 때문입니다.

처음에 쭉 늘인 상태에서 시작하면 물체는 격렬하게 운동할 것이고 용수철을 늘이지 않고 그대로 물체를 두면 물체는 운동하지 않을 것입니다. 이런 여러 가지 초기 조건에 따라 A와 φ에는 구체적인 값이 들어갑니다.

미분방정식의 해에는 언제나 A와 φ와 같은 '임의의 상수'가 포함됩니다. 이런 형태로 표시되는 해를 **일반해**라 하며 예를 들어

$$x = 3\sin\left(\sqrt{\frac{k}{m}}\, t + \frac{\pi}{2}\right)$$

와 같이 '임의의 상수'에 구체적인 값이 들어간 해를 **특수해**라 부릅니다.

요점 정리 **미분방정식의 해**

임의의 상수를 포함하는 '일반해'와

초기 조건에 의해 결정되는 '특수해'가 있습니다.

미분방정식의 풀이법은 귀찮을 때가 많습니다. 계산을 많이 하다 보면 본질을 놓치기 쉬우니까 조심하세요!

조금 옆길로 새기 ③:
날씨 예측이 맞지 않는 이유

'○월 ○일 새벽부터 저녁까지 넓은 지역에 큰 눈이 내리고, 적설량이 10cm가
될 것으로 예상됩니다.'

라고 일기 예보가 발표되면 전날부터 재빠르게 철도가 휴업하거나 띄엄띄엄 운
행하는 게 결정되며 학교가 휴교하기도 합니다. 그런데 이런 예보가 나와도 실
제로는 그렇게 호들갑 떨 필요 없을 때가 자주 있습니다.

일기 예보는 틀리면 '기상청이 태만하다', '제대로 하란 말이야!' 등 비판의 대상
이 됩니다. 물론 기분은 이해합니다. 개인적으로 기상청에 예전 동료나 선배·
후배가 많이 있어 그들의 명예를 위해서라도 일기 예보가 왜 어려운지를 이 책
의 마지막에 쓰고 싶습니다.

일기 예보의 어려움

날씨는 다시 말해 대기의 상태이므로 이를 물리적으로 해석하려면 '유체역학'이
필요합니다.

이 유체역학의 기본이 되는 방정식이 **나비에·스토크스 방정식**이라 부르는 미분
방정식이고 일반적으로는 다음과 같은 형태입니다.

$$\frac{\partial v}{\partial t} + (v \cdot \nabla)v = -\frac{1}{p}\nabla p + v\nabla^2 v + F$$

'이게 뭐야'라고 외치고 싶은 식이죠. 하지만 안심하세요. 이 책에서는 깊게 들어가지 않습니다. 이 식을 정말로 이해할 수 있는 사람은 대학교 물리학과에 진학한 일부 전문가뿐입니다.

여기서 강조하고 싶은 내용은 **이 미분방정식은(도!) 풀 수 없는 방정식이라는 것입니다**. 앞 절에서도 이야기했던 대로 애초에 이 방정식을 만족하는 일반해가 존재하는지도 아직 모릅니다.

유체의 움직임을 표현하는 나비에 · 스토크스 방정식을 풀 수 있다면 1년 후든 10년 후든 앞으로 계속 알고 싶은 날의 날씨를 100% 적중률로 예상할 수 있습니다. 하지만 현재는 이룰 수 없는 꿈입니다.

슈퍼컴퓨터가 나설 차례다!

그럼 어떻게 해야 할까요? 일단 **나비에 · 스토크스 방정식을 수학적(대수적)으로 푸는 것은 포기합니다.** 그 대신

- 질량 보존 법칙
- 열에너지 보존 법칙
- 수증기 보존 법칙
- 기체의 상태방정식

등을 합쳐서 **이 방정식의 해를 근사적으로 구하기로 합니다**. 이를 **수치 시뮬레이션**이라 하는데, 수치 시뮬레이션에는 대량의 계산이 필요하므로 슈퍼컴퓨터를 사용합니다.

엎친 데 덮친 격으로 '나비에 · 스토크스 방정식'은 비선형 미분방정식(1차식이 아닌 미분방정식)이기 때문에 **초깃값의 작은 오차로 결과에 매우 큰 차이가 발생하**

는 **나비효과**라는 곤란한 특성이 있습니다. 수치 시뮬레이션을 통해 해를 근사적으로 구하려면 기압, 기온, 바람 등 데이터가 필요한데, 측정값에 오차가 조금이라도 있으면 나비효과(나중에 설명) 때문에 예보는 크게 차이가 납니다. **슈퍼컴퓨터를 사용해도 2주보다 더 앞의 날씨를 정확하게 예보하기는 거의 불가능**하다고 합니다.

침소봉대가 되는 '나비효과'

나비효과는 **브라질에서 한 나비의 날갯짓이 텍사스에서 돌풍을 일으킨다**는 등 일반적으로 무시할 수 있는 매우 작은 차이가 결국에는 무시할 수 없을 정도로 큰 차이를 만드는 현상을 가리킵니다. 브라질에서 한 나비의 날갯짓이라는 하찮아 보이는 작은 사건도 텍사스에서 돌풍을 일으킬 정도로 대규모 기후 변화에 영향을 미칠 가능성이 있으므로 정확한 미래 예측은 불가능함을 가리키는 비유입니다.

어쨌든 여러 시뮬레이션을 통해 근사해를 구할 때는 오차를 얼마나 줄이는지가 큰 과제입니다. 게다가 **해상과 고층 대기 관측 데이터가 적은 것도** 수치예측을 통한 예보를 더 어렵게 만듭니다.

적중률을 높이려는 노력

최근에는 관측 기기가 발전함에 따라 데이터의 정밀도가 높아지고 있습니다. 지상 기상 데이터를 모으는 전국 약 1,300개의 '아메다스[1]' 등 부족한 상공 데이터를 모으기 위해 기상위성을 사용하거나 고무 기구(라디오존데)를 날리거나

---

1 역주 Automated Meteorological Data Acquisition System 약자 AMeDAS로, 일본의 자동 기상 데이터 측정 시스템입니다

전파의 반사를 이용해서 바람 데이터를 모으는 장치(윈드 프로파일러)를 사용합니다.

하지만 현재 슈퍼컴퓨터에 의한 '수치 예보'의 적중률은 70%입니다. 단, 수치 예보가 그대로 일기 예보가 되지는 않습니다. 수치 예보에서는 지형의 복잡함 등에 의한 작은 기상 현상을 전부 다 파악할 수 없으므로 그 지역의 기상 특성을 알고 있는 각 기상대 예보관이 수치 예보를 보정합니다. 이 과정을 통해 **일기 예보의 적중률은 최근 10년동안 약 82~86%대까지 높아졌습니다**(그림 C−1).

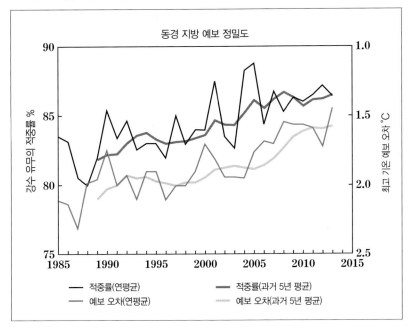

출처: 일본 기상청 |일기 예보 정밀도 검정 결과
http://www.data.jma.go.jp/fcd/yoho/kensho/yohohyoka_top.html

언젠가 나비에 · 스토크스 방정식의 일반해를 구해서 일기 예보가 항상 맞는 시대가 올지도 모릅니다. 하지만 그렇게 된다면 일단 길일이면서 일요일이고 일기 예보가 맑은 날 결혼식장은 예약하기 어렵겠네요! 게다가 예상치 못한 소나기가 온 후 갑자기 갠 하늘을 올려다보니 무지개가 걸려 있었다는 감동도 없어질지 모르겠습니다.

저 멀리 보이는 것

절대 가볍지 않은 이 책을 손에 쥐고 고등학교 수학의 정점을 목표로 끝까지 읽어주신 여러분에게 먼저 경의를 표하며 감사드립니다.

정말 고생하셨습니다!

벌써 어렴풋이 느끼신 분도 계시겠지만 **고등학교 수학의 정점은 다시 말해 근대 수학이라는 거대한 산맥의 등산 입구이기도 합니다.** 이런 말을 하니 '으악! 아직도 갈 길이 있는 거야!?'라는 기분이 드나요? (그렇지 않죠!)

이 책을 읽은 분이라면 더 큰 산이 켜켜이 솟아 있다는 사실에 질색하기보다는 오히려 도전해야 할 정상이 있음에 아드레날린을 분비시키며 두근거리고 있으시겠죠? (그렇길 기대합니다!)

'끝내며'에서는 미분·적분 세계의 '저 멀리'에 무엇이 기다리고 있는지를 살짝 소개하겠습니다.

(1) 함수의 전개

이 책에서는 어떤 함수를 1차식으로 근사하는 방법에 관해 설명했습니다만(19절), 대학교 이후에는 이 방법을 더 발전시킨 **테일러 전개**(Taylor's expansion)라는 방법을 배웁니다. 테일러 전개란 어떤 함수를 다음과 같이 '$(x-a)$, $(x-a)^2$, $\cdots$, $(x-a)^n$'의 합으로 나타내는 방법을 말합니다.

$$f(x) = f(a) + \frac{f'(a)}{1!}(x-a) + \frac{f''(a)}{2!}(x-a)^2 + \cdots + \frac{f^{(n)}(a)}{n!}(x-a)^n + \cdots$$

2항에서 멈추면 209쪽에서 소개한 '1차 근사식'이 됩니다. 참고로 테일러 전개에서 $a=0$일 때를 **맥클로린 전개**(Maclaurin's expansion)라고 부릅니다.

(2) 편미분

대학교 수학에서 배우는 미분·적분에서는 **다변수함수**라는 함수가 중심입니다. '다변수함수'란 독립 변수(입력값)가 여러 개 있는 함수를 말합니다.

다변수함수를 여러 변수 중 하나에 대해 미분할 때를 '편미분한다'고 합니다. 이 편미분의 결과로 나오는 함수는 **편도함수**라 부르며, 예를 들어 z가 x와 y의 2변수 함수일 때($z = f(x, y)$일 때) 다음과 같이 나타냅니다.

x에 대한 편도함수

$$\frac{\partial z}{\partial x} = \lim_{\Delta x \to 0} \frac{f(x + \Delta x, \ y) - f(x, \ y)}{\Delta x}$$

y에 대한 편도함수

$$\frac{\partial z}{\partial y} = \lim_{\Delta y \to 0} \frac{f(x, \ y + \Delta y) - f(x, \ y)}{\Delta y}$$

∂은 일반적으로는 '라운드'라 읽는다 (∂z는 '라운드 지')

편미분에서는 미분하지 않는 변수는 상수로 취급하면 되므로 이 책 내용을 이해하고 있는 독자는 바로 사용할 수 있을 것입니다.

(3) 다중적분

이 책에서 다룬 1변수함수 $y = f(x)$의 적분에는 부정적분과 정적분이 있었는데, 다변수함수의 적분에는 부정적분 개념은 없기 때문에 다중적분이라고 하면 바로 다변수함수의 정적분을 말합니다. $z = f(x, y)$의 다중적분(2중적분)은 다음과 같이 나타냅니다.

$$\iint_d f(x, \ y) dx dy$$

다중적분도 실제로 계산할 때는 각 변수에 대해 이 책에서 배운 것과 똑같은 방법으로 계산합니다.

(4) 미분방정식

이 책에서 고등학교 수학을 넘어선 내용을 마지막 절에서 살짝 소개했는데, 이 공계 대학교에 진학하고 난 후에 배우는 미분·적분의 첫 하이라이트는 바로 '미분방정식'입니다. 이 과목에서는 풀 수 있다고 알려진 미분방정식을 다음과 같은 패턴으로 나눠 각각의 풀이 방법을 연습해서 마스터하는 것이 큰 목표입니다.

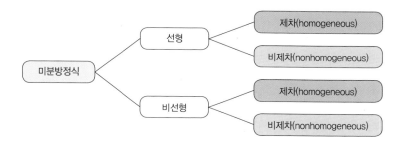

이 내용 이상은 각자가 어떤 분야를 전공하는지에 따라 변합니다.

수학에서 미분·적분은 선형대수와 쌍벽을 이루고 있으며, 물리·공학의 각 분야에서는 말할 필요도 없고, 경제학이나 사회학 등에서도 많이 응용합니다. 제가 앞에서 여러분이 서 있는 고등학교 수학의 정점을 '거대한 산맥의 등산 입구'에 비유했던 것이 바로 이런 의미입니다. 그리고 어느 산을 등정하든 이 책에서 배운 내용을 이해했다면 결코 불가능한 천애 절벽이 아닙니다. 이 책을 처음에 손에 쥔 것처럼 용기를 가진 독자 여러분이 '저 멀리'로 나아가길 바라며 글을 마칩니다.

봄이 오길 기다리며 3월에

나가노 히로유키

상용로그표 （一）

数	0	1	2	3	4	5	6	7	8	9
1.0	0.0000	0.0043	0.0086	0.0128	0.0170	0.0212	0.0253	0.0294	0.0334	0.0374
1.1	0.0414	0.0453	0.0492	0.0531	0.0569	0.0607	0.0645	0.0682	0.0719	0.0755
1.2	0.0792	0.0828	0.0864	0.0899	0.0934	0.0969	0.1004	0.1038	0.1072	0.1106
1.3	0.1139	0.1173	0.1206	0.1239	0.1271	0.1303	0.1335	0.1367	0.1399	0.1430
1.4	0.1461	0.1492	0.1523	0.1553	0.1584	0.1614	0.1644	0.1673	0.1703	0.1732
1.5	0.1761	0.1790	0.1818	0.1847	0.1875	0.1903	0.1931	0.1959	0.1987	0.2014
1.6	0.2041	0.2068	0.2095	0.2122	0.2148	0.2175	0.2201	0.2227	0.2253	0.2279
1.7	0.2304	0.2330	0.2355	0.2380	0.2405	0.2430	0.2455	0.2480	0.2504	0.2529
1.8	0.2553	0.2577	0.2601	0.2625	0.2648	0.2672	0.2695	0.2718	0.2742	0.2765
1.9	0.2788	0.2810	0.2833	0.2856	0.2878	0.2900	0.2923	0.2945	0.2967	0.2989
2.0	0.3010	0.3032	0.3054	0.3075	0.3096	0.3118	0.3139	0.3160	0.3181	0.3201
2.1	0.3222	0.3243	0.3263	0.3284	0.3304	0.3324	0.3345	0.3365	0.3385	0.3404
2.2	0.3424	0.3444	0.3464	0.3483	0.3502	0.3522	0.3541	0.3560	0.3579	0.3598
2.3	0.3617	0.3636	0.3655	0.3674	0.3692	0.3711	0.3729	0.3747	0.3766	0.3784
2.4	0.3802	0.3820	0.3838	0.3856	0.3874	0.3892	0.3909	0.3927	0.3945	0.3962
2.5	0.3979	0.3997	0.4014	0.4031	0.4048	0.4065	0.4082	0.4099	0.4116	0.4133
2.6	0.4150	0.4166	0.4183	0.4200	0.4216	0.4232	0.4249	0.4265	0.4281	0.4298
2.7	0.4314	0.4330	0.4346	0.4362	0.4378	0.4393	0.4409	0.4425	0.4440	0.4456
2.8	0.4472	0.4487	0.4502	0.4518	0.4533	0.4548	0.4564	0.4579	0.4594	0.4609
2.9	0.4624	0.4639	0.4654	0.4669	0.4683	0.4698	0.4713	0.4728	0.4742	0.4757
3.0	0.4771	0.4786	0.4800	0.4814	0.4829	0.4843	0.4857	0.4871	0.4886	0.4900
3.1	0.4914	0.4928	0.4942	0.4955	0.4969	0.4983	0.4997	0.5011	0.5024	0.5038
3.2	0.5051	0.5065	0.5079	0.5092	0.5105	0.5119	0.5132	0.5145	0.5159	0.5172
3.3	0.5185	0.5198	0.5211	0.5224	0.5237	0.5250	0.5263	0.5276	0.5289	0.5302
3.4	0.5315	0.5328	0.5340	0.5353	0.5366	0.5378	0.5391	0.5403	0.5416	0.5428
3.5	0.5441	0.5453	0.5465	0.5478	0.5490	0.5502	0.5514	0.5527	0.5539	0.5551
3.6	0.5563	0.5575	0.5587	0.5599	0.5611	0.5623	0.5635	0.5647	0.5658	0.5670
3.7	0.5682	0.5694	0.5705	0.5717	0.5729	0.5740	0.5752	0.5763	0.5775	0.5786
3.8	0.5798	0.5809	0.5821	0.5832	0.5843	0.5855	0.5866	0.5877	0.5888	0.5899
3.9	0.5911	0.5922	0.5933	0.5944	0.5955	0.5966	0.5977	0.5988	0.5999	0.6010
4.0	0.6021	0.6031	0.6042	0.6053	0.6064	0.6075	0.6085	0.6096	0.6107	0.6117
4.1	0.6128	0.6138	0.6149	0.6160	0.6170	0.6180	0.6191	0.6201	0.6212	0.6222
4.2	0.6232	0.6243	0.6253	0.6263	0.6274	0.6284	0.6294	0.6304	0.6314	0.6325
4.3	0.6335	0.6345	0.6355	0.6365	0.6375	0.6385	0.6395	0.6405	0.6415	0.6425
4.4	0.6435	0.6444	0.6454	0.6464	0.6474	0.6484	0.6493	0.6503	0.6513	0.6522
4.5	0.6532	0.6542	0.6551	0.6561	0.6571	0.6580	0.6590	0.6599	0.6609	0.6618
4.6	0.6628	0.6637	0.6646	0.6656	0.6665	0.6675	0.6684	0.6693	0.6702	0.6712
4.7	0.6721	0.6730	0.6739	0.6749	0.6758	0.6767	0.6776	0.6785	0.6794	0.6803
4.8	0.6812	0.6821	0.6830	0.6839	0.6848	0.6857	0.6866	0.6875	0.6884	0.6893
4.9	0.6902	0.6911	0.6920	0.6928	0.6937	0.6946	0.6955	0.6964	0.6972	0.6981
5.0	0.6990	0.6998	0.7007	0.7016	0.7024	0.7033	0.7042	0.7050	0.7059	0.7067
5.1	0.7076	0.7084	0.7093	0.7101	0.7110	0.7118	0.7126	0.7135	0.7143	0.7152
5.2	0.7160	0.7168	0.7177	0.7185	0.7193	0.7202	0.7210	0.7218	0.7226	0.7235
5.3	0.7243	0.7251	0.7259	0.7267	0.7275	0.7284	0.7292	0.7300	0.7308	0.7316
5.4	0.7324	0.7332	0.7340	0.7348	0.7356	0.7364	0.7372	0.7380	0.7388	0.7396

상용로그표 （二）

数	0	1	2	3	4	5	6	7	8	9
5.5	0.7404	0.7412	0.7419	0.7427	0.7435	0.7443	0.7451	0.7459	0.7466	0.7474
5.6	0.7482	0.7490	0.7497	0.7505	0.7513	0.7520	0.7528	0.7536	0.7543	0.7551
5.7	0.7559	0.7566	0.7574	0.7582	0.7589	0.7597	0.7604	0.7612	0.7619	0.7627
5.8	0.7634	0.7642	0.7649	0.7657	0.7664	0.7672	0.7679	0.7686	0.7694	0.7701
5.9	0.7709	0.7716	0.7723	0.7731	0.7738	0.7745	0.7752	0.7760	0.7767	0.7774
6.0	0.7782	0.7789	0.7796	0.7803	0.7810	0.7818	0.7825	0.7832	0.7839	0.7846
6.1	0.7853	0.7860	0.7868	0.7875	0.7882	0.7889	0.7896	0.7903	0.7910	0.7917
6.2	0.7924	0.7931	0.7938	0.7945	0.7952	0.7959	0.7966	0.7973	0.7980	0.7987
6.3	0.7993	0.8000	0.8007	0.8014	0.8021	0.8028	0.8035	0.8041	0.8048	0.8055
6.4	0.8062	0.8069	0.8075	0.8082	0.8089	0.8096	0.8102	0.8109	0.8116	0.8122
6.5	0.8129	0.8136	0.8142	0.8149	0.8156	0.8162	0.8169	0.8176	0.8182	0.8189
6.6	0.8195	0.8202	0.8209	0.8215	0.8222	0.8228	0.8235	0.8241	0.8248	0.8254
6.7	0.8261	0.8267	0.8274	0.8280	0.8287	0.8293	0.8299	0.8306	0.8312	0.8319
6.8	0.8325	0.8331	0.8338	0.8344	0.8351	0.8357	0.8363	0.8370	0.8376	0.8382
6.9	0.8388	0.8395	0.8401	0.8407	0.8414	0.8420	0.8426	0.8432	0.8439	0.8445
7.0	0.8451	0.8457	0.8463	0.8470	0.8476	0.8482	0.8488	0.8494	0.8500	0.8506
7.1	0.8513	0.8519	0.8525	0.8531	0.8537	0.8543	0.8549	0.8555	0.8561	0.8567
7.2	0.8573	0.8579	0.8585	0.8591	0.8597	0.8603	0.8609	0.8615	0.8621	0.8627
7.3	0.8633	0.8639	0.8645	0.8651	0.8657	0.8663	0.8669	0.8675	0.8681	0.8686
7.4	0.8692	0.8698	0.8704	0.8710	0.8716	0.8722	0.8727	0.8733	0.8739	0.8745
7.5	0.8751	0.8756	0.8762	0.8768	0.8774	0.8779	0.8785	0.8791	0.8797	0.8802
7.6	0.8808	0.8814	0.8820	0.8825	0.8831	0.8837	0.8842	0.8848	0.8854	0.8859
7.7	0.8865	0.8871	0.8876	0.8882	0.8887	0.8893	0.8899	0.8904	0.8910	0.8915
7.8	0.8921	0.8927	0.8932	0.8938	0.8943	0.8949	0.8954	0.8960	0.8965	0.8971
7.9	0.8976	0.8982	0.8987	0.8993	0.8998	0.9004	0.9009	0.9015	0.9020	0.9025
8.0	0.9031	0.9036	0.9042	0.9047	0.9053	0.9058	0.9063	0.9069	0.9074	0.9079
8.1	0.9085	0.9090	0.9096	0.9101	0.9106	0.9112	0.9117	0.9122	0.9128	0.9133
8.2	0.9138	0.9143	0.9149	0.9154	0.9159	0.9165	0.9170	0.9175	0.9180	0.9186
8.3	0.9191	0.9196	0.9201	0.9206	0.9212	0.9217	0.9222	0.9227	0.9232	0.9238
8.4	0.9243	0.9248	0.9253	0.9258	0.9263	0.9269	0.9274	0.9279	0.9284	0.9289
8.5	0.9294	0.9299	0.9304	0.9309	0.9315	0.9320	0.9325	0.9330	0.9335	0.9340
8.6	0.9345	0.9350	0.9355	0.9360	0.9365	0.9370	0.9375	0.9380	0.9385	0.9390
8.7	0.9395	0.9400	0.9405	0.9410	0.9415	0.9420	0.9425	0.9430	0.9435	0.9440
8.8	0.9445	0.9450	0.9455	0.9460	0.9465	0.9469	0.9474	0.9479	0.9484	0.9489
8.9	0.9494	0.9499	0.9504	0.9509	0.9513	0.9518	0.9523	0.9528	0.9533	0.9538
9.0	0.9542	0.9547	0.9552	0.9557	0.9562	0.9566	0.9571	0.9576	0.9581	0.9586
9.1	0.9590	0.9595	0.9600	0.9605	0.9609	0.9614	0.9619	0.9624	0.9628	0.9633
9.2	0.9638	0.9643	0.9647	0.9652	0.9657	0.9661	0.9666	0.9671	0.9675	0.9680
9.3	0.9685	0.9689	0.9694	0.9699	0.9703	0.9708	0.9713	0.9717	0.9722	0.9727
9.4	0.9731	0.9736	0.9741	0.9745	0.9750	0.9754	0.9759	0.9763	0.9768	0.9773
9.5	0.9777	0.9782	0.9786	0.9791	0.9795	0.9800	0.9805	0.9809	0.9814	0.9818
9.6	0.9823	0.9827	0.9832	0.9836	0.9841	0.9845	0.9850	0.9854	0.9859	0.9863
9.7	0.9868	0.9872	0.9877	0.9881	0.9886	0.9890	0.9894	0.9899	0.9903	0.9908
9.8	0.9912	0.9917	0.9921	0.9926	0.9930	0.9934	0.9939	0.9943	0.9948	0.9952
9.9	0.9956	0.9961	0.9965	0.9969	0.9974	0.9978	0.9983	0.9987	0.9991	0.9996